THE
KINFOLK
TABLE

THE
KINFOLK
TABLE

킨 포 크 테 이 블

Nathan Williams
with Rebecca Parker Payne

Photographs by Parker Fitzgerald and Leo Patrone

First published in the United States as:
THE KINFOLK TABLE: Recipes for Small Gatherings

Copyright © 2013 by Nathan Williams
Photographs on pages 45–46, 49, 65–67, 71–73 and 85–87 copyright © 2013 by Leo Patrone.
All other photographs copyright © 2013 by Parker Fitzgerald
Illustrations copyright © 2011 by Jameson Simpson
Design by Amanda Jane Jones
Published by arrangement with Artisan, a division of Workman Publishing Company, Inc., New York
All rights reserved

Korean Translation Copyright © 2013 WILL BOOKS Publishing Co.
This Korean edition was published by Will Books in 2013 by arrangement with Workman Publishing Company, Inc. through KCC(Korea Copyright Center Inc.), Seoul

이 책의 한국어판 저작권은 (주)한국저작권센터(KCC)를 통해 저작권자와 독점 계약한 윌북에 있습니다.
신 저작권법에 의해 한국 내에서 보호를 받는 저작물이므로 무단 전재와 무단 복제를 금합니다.

CONTENTS

INTRODUCTION 10
네이션 윌리엄스, 케이티 윌리엄스
    고추와 커민으로 맛을 낸 토르티야 칩을 곁들인 새우 세비체 19
    시트러스 렌틸 샐러드 23

BROOKLYN, NEW YORK, USA

애리얼 디어리 26
    새우 바비큐 30
    페타 치즈, 토마토, 케이퍼, 바질로 만든 오픈 샌드위치 31

맥스와 일라이 서스맨 32
    고구마 해시를 곁들인 이탈리아 소시지와 수란 34
    염소 치즈를 곁들인 자두와 고수 샐러드 37

윌리엄 히어포드와 알리사 파가노 38
    구운 토마토 44

데이비드 쿠온, 데릭 밴 휼과 네이션 워켄틴 46
    멕시코 스타일 바비큐 옥수수 49
    퀴노아와 콩을 넣은 여름 샐러드 49
    칠면조 아보카도 버거 50
    시트러스 민트 상그리아 50

엘리자베스 하다드 52
    내니 프래니의 사과 스트루들 56

에이미 메릭 58
    야생 블루베리 잼 62

닉 포셜드 66
    피미엔토 치즈 70
    땅콩 버터와 베이컨 샌드위치 71

릴리 올드 72
　볶은 아루굴라, 아몬드, 염소 치즈를 넣은 파스타 76
　아몬드 타르트 77

샘과 애쉴리 오웬스 78
　카프레제 샐러드를 곁들인 매콤한 닭 가슴살 구이 81
　애플 크리스프 85

크리스타 프리맨과 제스 에디 86
　크림치즈 프로스팅을 덮은 허밍버드 케이크 90

세이어 리처즈 92
　고구마 퀴노아 버거 96

케리 모리스 98
　시 레그스 100
　마켓 야채 샐러드 103

레이첼과 애덤 패트릭 존스 104
　스페인 오믈렛 토르티야 108
　초콜릿 칩 애호박 케이크 109

다이아나 옌 110
　생강 아이스크림과 금귤 콤포트 112
　연어 오차즈케 118

COPENHAGEN, DENMARK

미켈 리프만 122
　오이와 펜넬 샐러드 127
　스피스쿨(양배추 샐러드) 127

오스틴과 애쉴린 세일즈버리 128
　메이플과 시나몬 글레이즈를 바른 호박빵 130
　고구마 비스킷 133

나탈리 슈어 134
　구운 페타 치즈와 토마토를 곁들인 보리 샐러드 139

미켈과 유카리 그뢰네벡 140
　덴마크 완두콩과 와사비 마요네즈를 곁들인 오리고기 덮밥 ... 143

사라 브리튼 144
　참깨 밥을 곁들인 렌틸 스튜 147
　매콤한 초콜릿 무스 151

THE WANDERING TABLE

사라와 데이비드 원워드 ... 306
  겨울 채소를 곁들인 감자 수프 ... 311
  여름에 나는 노란 호박과 토마토 샐러드 ... 312

베라 윌리엄즈 ... 314
  베라의 빵 ... 316
  아몬드 슈가 쿠키 ... 320

앨리스 가오 ... 322
  차 계란 ... 326
  블루베리 스콘 ... 327

아테나 캘더런 ... 328
  허브 페스토 샐러드를 곁들인 삼나무 판에 구운 넙치 ... 332
  신선한 민트와 리코타 치즈를 곁들인 완두콩 ... 335

프랜시스 파머 ... 336
  완벽한 로스트 치킨 ... 341
  버터스카치 푸딩 ... 342

사라와 휴 포트 ... 344
  초콜릿 칩 바나나 팬케이크 ... 348
  볶은 리크와 스크램블드 에그 ... 349

셔나 알테리오와 스티븐 로이돌트 ... 350
  신선한 베리와 휘핑크림을 곁들인 쇼트케이크 ... 353

그레이스 윌리엄즈 ... 354
  딸기 수확철에 만드는 그레이스 할머니의 라즈베리 잼 ... 357

거스 아냐노풀로스와 제시 제임스 ... 358
  파스텔리 ... 363

THANK YOU ... 364
AFTERWORD 부엌으로의 초대 ... 365

INTRODUCTION

네이선 윌리엄스 · 케이티 윌리엄스

{ FOUNDERS OF *KINFOLK* }

고등학생 시절부터 나는 '홈 쿠킹'이나 '손님 접대entertaining'라는 말이 실제로 우리들이 식사하는 모습과 많은 차이가 있다고 느껴왔다. '홈 쿠킹'이라 말하면 너무 심각하고 심지어 따분한 느낌이었고, '손님 접대'라고 하면 형식적이고 요란한 느낌이었다. 이 둘 중 어느 것도 우리가 대학 다닐 때 친한 친구들과 모여 라자냐를 만들며 재즈를 틀어놓고 보내는 조용한 저녁을 설명하는 데 적합하지 않았다. 우리는 적어도 이틀에 한 번은 작은 아파트에 모여 음식을 해 먹었지만 식탁보를 다리지도, 자리마다 이름을 적은 카드를 놓지도, 식사 에티켓을 따지지도 않았다. 설거지를 줄이기 위해 종종 일회용 접시를 쓰고, 메인 요리를 먹던 포크로 디저트를 먹고, 과도로 바게트에 버터를 바르곤 했다. 그런 저녁 모임의 핵심은 요리하고 먹고 얘기하는 거였다. 그 외에는 아무것도 필요하지 않았다.

우리의 삶에서 그렇게 소중한 부분을 차지하던 이 전통을 대체 뭐라고 불러야 할까? 단순히 '모여서 놀기'라면 목적 없이 되는대로 하는 느낌이었고, '디너 파티'라면 너무 경직되고 계획된 것 같았다. 우리가 만든 잡지 〈킨포크Kinfolk〉는 친구들과 함께 보냈던 그런 저녁 시간을 표현하려다 나온 아이디어다. 대화는 자연스럽게 흐르고 함께 요리하며 보내는, 너무 애쓰지 않는 저녁 시간. 그래도 끝나고 나면 뭔가 해냈다는 만족감이 드는 저녁. 〈킨포크〉를 시작할 때 두 가지 목표가 있었다. 캐주얼하지만 목적이 있고 의미가 있는 새로운 손님 접대 방법을 보여주는 것, 그리고 우리처럼 젊은 사람들에게 손님 접대가 더 자연스럽고 쉽게 느껴지도록 하는 것이었다.

우리의 첫 번째 목표는 손님 접대를 어렵게 만드는 불필요하고 상업적인 요소를 걷어내는 것이었다. 그다음 목표는 집에 친구들을 초대하는 이유들—인간관계, 전통, 커뮤니티, 대화—을 앞에 두고, 화려한 레시피나 식탁 장식 같은 겉모습은 뒤에 놓는 것이었다. 〈킨포크 테이블〉은 〈킨포크〉에 소개되었던, 캐주얼한 손님 접대에 필요한 요리와 레시피를 담고 있다. 나는 이 책이 내가 갖고 있는 요리책 선반 같은 곳을 찾아가기를 바란다. 요리책의 고전이나 유명한 셰프가 쓴 요리책들만 꽂혀 있는 선반이 아니라 가족이나 친구들, 내가 아는 요리사들이 만든 낡

고 더러워지고 대충 묶어서 만든 요리책들이 꽂혀 있는 선반 말이다. 이런 책들이 비록 모양새는 흉해도 내게 중요한 사람들의 레시피가 담긴 책이기에 나는 가장 좋아한다. 〈킨포크 테이블〉은 그런 종류의 노력을 보여준다. 우리 집에 독자들을 초대하는 마음으로, 여러 일에 종사하는 다양한 친구들과 가족들, 작가, 아티스트 등의 이야기를 소개했다.

〈킨포크 테이블〉에서 여러분은 직업과 취미가 다른 여러 부류의 사람들을 만나게 된다. 커피 전문가에서 요리 잡지 편집자, 인테리어 디자이너에서 도예가, 케이터러와 플로리스트뿐 아니라 제빵사, 음악가, 화가, 사진작가, 음식 블로거, 패션 디자이너, 레스토랑 운영자, 작가, 커피 로스터, 심지어 은퇴한 우리 할머니까지. 그들은 혼자 살기도 하고, 부부이기도 하고, 가족과 함께 살기도 하는데 모두 각자 나이에 맞는 삶을 산다. 모두들 〈킨포크〉가 표방하는 종류의 단순함을 구현하고 있었기에 우리는 그들에게 도움을 부탁했다. 즉 균형 있고 의미를 찾는 태도로 살아가고, 음식을 진정으로 맛보고 즐길 줄 알고, 사람들을 집에 초대할 줄 아는 사람들이었다. 나는 그들을 특별하게 하는 것이 무엇인지 직접 보려고 집을 찾아갔다. 그리고 그곳에서 그들이 킨포크 정신과 열정으로 살아가는 것을 확인했다. 예를 들어 모르텐 스벤슨은 정기적으로 열 명에서 열다섯 명의 친구들을 초대해 식사를 하기 위해 코펜하겐의 작은 아

"방문했던 집들에서 나는 '손님 접대'란 얼마든지 다양한 형태가 될 수 있다는
내 믿음을 확인했다. 아주 거창하고 시끌벅적할 수도 있고,
또는 우리끼리 즐기는, 조용하고 개인적이고 떠들썩하지 않은
거의 명상적인 모임이 될 수도 있다.
계획하고 구성해서 아주 멋지게 할 수도 있지만, 막판에, 즉흥적으로,
여럿이 도와서 멋지게 불완전한 자리를 만들 수도 있다."

파트 부엌을 완전히 개조했다. 우리 친구인 더스티 흄은 주말이면 차를 몰고 포틀랜드에서 오리건 해안가로 가서 해가 뜨기 전에 홍합을 따온다. 그날 저녁 때 친구들과 함께할 포틀럭 식사에 가져갈 음식을 준비하기 위해서다.

나는 이들을 소개하는 데 흥분을 감출 수가 없다. 왜냐하면 그들은 일만큼이나 좋은 음식과 커뮤니티가 중요하다고 생각하며, 균형 잡힌 삶을 위해 사람들이 모이는 일상의 의식과 전통이 중요하다고 생각하는 사람들이다. 이들은 속도를 늦추고 의자에 기대어 앉아 숨을 깊게 쉴 줄 아는 것에 관해 뭔가 할 말이 있는 사람들이다. 어쩌면 이들이 일에서 보여주는 창조성과 성공의 이유가 그들이 이런 소박한 일에 집중하기 때문은 아닐까? 실제로 어떤 사람들의 경우엔 자기가 좋아하는 취미가 직업이 되었다. 예를 들어 크리스 시겔과 놀란 캘리쉬는 유기농 농장을 시작하려고 최근에 농지를 임대했다. 사라 윈우드는 오랫동안 꽃꽂이 같은 자연을 이용한 장식을 꿈꿨는데, 얼마 전 솔트레이크시티에 상점을 내기로 결정했다.

이런 사람들, 즉 접대란 그저 함께 모여 소박한 시간을 보내는 것이라고 생각하는 사람들을 통해서 친구들과 함께 준비한 식사가 얼마나 더 풍족하고 만족감을 주는 일인지 알 수 있다. 돕는 일은 기쁨이 된다. 하다못해 샐러드를 섞기만 해도 음식 준비에 뭔가 한 것 같아서 더 맛있게 먹을 수 있다. 부부든 여섯 가족이든 구성원 간의 유대를 더 끈끈하게 하는 일상의 의식들이 있다. 샘과 애쉴리 오웬스는 주말 아침을 준비할 때면 부엌에 음악을 아주 크게 틀어놓고

요리를 한다. 이다 레어케는 덴마크의 오픈 샌드위치인 스뫼레브뢰smørrebrød의 전통을 충실하게 이어가며, 거의 매일 어린 아들 삭소와 함께 샌드위치를 만든다.

친구들이 좋아할 수밖에 없는, 문을 열어놓고 초대를 자주 하는 집은 어디서나 찾을 수 있겠지만 어떤 전통이 생기는 데는 장소가 매우 중요하다. 내가 어린 시절을 보낸 캐나다의 앨버타 주에 사는 사람이라면 그곳의 추운 겨울과 바람이 많은 여름 날씨를 잘 알 것이다. 그런 날씨를 안다면 우리들이 왜 고등학교 때부터 집에 모여서 음식을 만들고 함께 저녁 먹는 것을 즐겼는지 이해할 수 있을 것이다. 그 이후로 나는 어떤 집에 가면 그 지역의 독특한 분위기를 느낄 수 있었고, 이 책에서도 챕터마다 그 지역의 활기차고 푸근한 느낌을 생생히 전달하려고 했다.

브루클린은 장인 같은 창조적인 사람들과 젊고 음식에 열정이 많은 사람들로 대표되었다. 오리건 주 포틀랜드에서는 내 친구들이 집에서 손님들과 함께 요리를 하는 모습을 보여주었다. 잉글랜드 교외에 사는 사람들은 친구든 모르는 사람이든 우아하고 매력적인 태도로 사람을 맞아주었다. 가장 신선한 재료로 간단한 음식을 만들어 대접해준 것은 물론이다. 덴마크에는 요란하지 않게 손님을 대접하는 오래된 전통이 있는데, 촛불을 켜고 아늑한 곳에서 좋은 음

"손님 접대는 모두에게 각기 다른 형태일 수 있다.
하지만 요리를 해서 친구들을 집에 초대하는 것이 경험을 나누고 대화를 하고
음식을 함께 먹는 것에 대한 진정한 관심에서 시작된다면
잘 하는가는 중요하지 않다. 모든 것은 자연스럽게 이루어진다.
음식을 태우거나 그릇이 세트가 맞지 않아도 대수롭지 않다.
소박한 수프와 거친 빵 한 조각만으로도 잔치를 할 수 있다.
이 모든 것이 사실은 매우 간단하다."

식을 좋아하는 사람들과 함께 먹는다는 뜻의 단어가 있어 더욱 기뻤다. hygge(발음은 '휘게'와 비슷하다). 영어에도 이런 단어가 있다면 얼마나 좋을까.

이 장소들은 세계 곳곳에 멀리 흩어져 있지만 그곳에 사는 사람들에게 소박함과 초대와 균형과 의미를 추구하는 삶은 똑같이 중요했다. 나는 이 책에서 우리와 나눌 무언가가 있는 사람들을 생생하게 소개하고 싶었고, 짐을 싸서 〈킨포크〉팀원 2명과 함께 책에 나온 모든 사람들과 따로 시간을 보내기 위해 떠났다. 그들이 제일 좋아하는 음식을 만드는 것을 직접 보고 그들에게 중요한 전통에 대해 함께 얘기하기 위해서였다. 우리는 함께 식탁에 앉아 그들이 그런 삶을 살게 된 동기를 듣고, 그들의 따뜻한 접대 방식을 배우기 위한 질문을 했다. 새로 배운 것과 레시피들은 노트에 적어서 돌아왔다. 그들의 집을 떠날 때마다 나는 만족감으로 입이 벌어졌고, 집에 돌아오는 길에는 시장에 들러 그때 배운 요리에 쓸 재료를 찾아보기도 했다. 릴리 올드가 만들어줬던 볶은 아루굴라, 아몬드, 염소 치즈를 넣은 파스타나 미켈 리프만이 만들어줬던, 우리가 스피스쿨spidskål이라고 부르는 간단한 양배추 샐러드 같은 음식의 재료를 찾기 위해서였다. 인터뷰가 끝날 때마다 나는 집으로 돌아가 요리를 해서 내 식탁에서 사람들과 나눠 먹을 생각으로 가득 차곤 했다.

이 책에 실린 이야기에서 알 수 있듯이, 레시피들은 그들에게 특별한 의미를 지닌 음식들이다. 부모님이나 선대에서 내려오는 전통이거나 그들이 집에서 가장 자주 해 먹는 음식이거나

그들이 가장 좋아하는 음식들이다. 아침 또는 점심이나 저녁으로 해 먹는 음식, 또는 차와 커피와 함께 먹는 스낵도 있다. 간단한 음식에서 복잡한 음식, 가벼운 음식에서 푸짐한 것까지 고루 섞여 있다. 한 사람을 위한 것에서 두 사람 또는 여러 명이 먹을 수 있는 음식까지, 모인 사람 수에 따라 다양하게 낼 수 있는 음식들이다. 가장 인상적인 것은 이 음식들이 그 레시피를 쓴 사람에게 주는 의미와 기억들 때문에 내가 직접 이 음식들을 만들어 먹을 때 내 경험 또한 더욱 풍부해진다는 점이다.

음식을 나누어 먹는 것, 그리고 그 음식이 나오기까지 있었던 모든 과정—직접 기르거나 그 지역 산물을 찾거나, 땅과 그 재료의 관계를 찾아서 공부하거나, 또는 그 맛있는 재료들로 정성스럽게 준비하는 과정—은 사람들의 삶에서 매우 중요한 부분을 차지한다. 그들은 하루하루 목적을 갖고 살아가고, 강한 소신을 갖고 가족과 개인의 전통을 존중하고 지켜나가는 동시에 적극적으로 새로운 전통을 만들어가려는 노력을 한다. 그 결과 그들의 삶은 한없이 풍성해졌다.

방문했던 집들에서 나는 '손님 접대'란 얼마든지 다양한 형태가 될 수 있다는 내 믿음을 확인했다. 아주 거창하고 시끌벅적할 수도 있고, 또는 우리끼리 즐기는, 조용하고 개인적이고 떠들썩하지 않은 거의 명상적인 모임이 될 수도 있다. 계획하고 구성해서 아주 멋지게 할 수도 있지만, 막판에, 즉흥적으로, 여럿이 도와서 멋지게 불완전한 자리를 만들 수도 있다.

손님 접대는 모두에게 각기 다른 형태일 수 있다. 하지만 요리를 해서 친구들을 집에 초대하는 것이 경험을 나누고 대화를 하고 음식을 함께 먹는 것에 대한 진정한 관심에서 시작된다면 잘 하는가는 중요하지 않다. 모든 것은 자연스럽게 이루어진다. 음식을 태우거나 그릇이 세트가 맞지 않아도 대수롭지 않다. 소박한 수프와 거친 빵 한 조각만으로도 잔치를 할 수 있다. 이 모든 것이 사실은 매우 간단하다.

네이선 윌리엄스

Shrimp Seviche with Chili-Cumin Tortilla Chips

고추와 커민으로 맛을 낸 토르티야 칩을 곁들인 새우 세비체

세비체 재료:
- 대하(455g)는 껍질 벗기고 내장을 손질한다
- 오이 1개(230g)를 4등분한다
- 중간 크기 붉은 양파 ¼개를 얇게 썬다
- 굵게 다진 신선한 고수 잎 ¼컵(30g)
- 다진 마늘 2쪽
- 다진 세라노 고추 1개
- 갓 짠 라임즙 ½컵(120ml, 라임 4개 분량)
- 올리브오일 2테이블스푼(30ml)
- 소금과 통후추 간 것

*세라노 고추는 적당히 매운 맛의 풋고추로 대체 가능하다.

토르티야 재료:
- 지름 20cm 크기의 밀가루 토르티야 3개
- 갓 짠 라임즙 2테이블스푼(30ml, 라임 2개 분량)
- 고춧가루 1테이블스푼(3g)
- 커민 가루 ½티스푼
- 고운 소금

세비체 만들기:

큰 냄비에 물을 넣고 중불에 끓인다. 3분 동안 새우가 불투명해질 때까지 끓인다. 새우를 건져 흐르는 찬물에 헹군 후 완전히 식힌다.

큰 그릇에 오이, 양파, 고수, 마늘, 고추, 라임즙과 올리브오일을 넣고 섞는다. 여기에 새우를 넣고 섞어준다. 입맛에 맞게 소금과 후추로 간한다. 그릇에 랩을 씌우고 2시간 가량 냉장고에 넣어 맛이 골고루 배도록 한다.

토르티야 만들기와 내기:

오븐 중간에 오븐망을 놓고 200도로 예열한다.

각 토르티야의 한 면에 브러시로 라임즙을 바른 후 토르티야를 4등분하거나 8등분한다. 오븐판에 토르티야를 겹치지 않도록 한 겹으로 늘어놓는다.

작은 그릇에 고춧가루, 커민, 고운 소금 ¼티스푼을 넣어 섞은 다음 토르티야 위에 뿌려준다.

예열한 오븐에 넣어 토르티야가 바삭하고 연한 갈색이 날 때까지 10분 정도 굽는다. 판을 식힘망으로 옮겨 토르티야를 완전히 식힌다.

냉장고에서 충분히 차가워진 세비체의 간을 마지막으로 본 다음, 필요할 경우 소금을 더한다. 토르티야와 세비체를 함께 낸다

6~8인분

Citrus Lentil Salad

시트러스 렌틸 샐러드

불순물을 골라낸 렌틸(렌즈콩)
1컵(200g)

쪽파 6대는 흰 부분과 연녹색 부분만 잘라 얇게 썬다

엑스트라 버진 올리브오일
3테이블스푼(45ml)

화이트 와인 식초나 사과 식초
1테이블스푼(15ml)

갓 짠 레몬즙 3테이블스푼(45ml)

레몬 또는 오렌지 1개의 껍질을 강판에 간다

설탕 1테이블스푼(13g)

소금과 통후추 간 것

고운체에 렌틸을 넣고 맑은 물이 흐를 때까지 흐르는 찬물에 씻는다. 중간 크기 냄비에 렌틸을 넣고, 그 위로 7.5cm 정도 올라올 때까지 물을 붓고 끓인다. 물이 끓기 시작하면 불을 중간으로 줄이고 뚜껑을 덮은 다음 부드럽게 다 익을 때까지 20~30분 정도 더 끓인다.

렌틸을 체로 거른 후 다시 냄비에 넣고 7.5cm 올라오는 찬물에 담근다. 렌틸 껍질이 떠오르면 물을 따라낸다.

커다란 그릇에 렌틸을 넣고 파, 올리브오일, 식초, 레몬즙과 레몬 껍질(또는 오렌지 껍질), 설탕을 넣어 잘 섞은 후 소금과 후추로 간을 한다.

맛이 골고루 어우러지도록 샐러드 섞은 것을 20분 정도 놓아둔 다음에 먹는다. 이 샐러드는 밀폐 용기에 넣어 이틀 정도 냉장 보관이 가능하다.

note: 쪽파 대신 붉은 양파 ½개나 샬롯 2개를 얇게 썰어 넣어도 되고, 설탕 대신 아가베(용설란) 시럽을 써도 좋다. 샬롯이 없으면 작은 붉은 양파 1개를 전부 넣어도 된다.

4인분

BROOKLYN

NEW YORK, USA

브루클린은 복잡한 모자이크 같은 곳이다. 세계 각지에서 온 다양한 문화와 전통의 배경을 가진 사람들이 모여 살지만, 그들은 그 다양함 속에서 브루클린만의 독특한 개성과 표현 방식을 갖고 있다. 브루클린에 가면 흥미진진한 다양성과 함께, 서쪽으로 3천 마일 떨어진 내가 사는 곳에는 없는, 그동안 몰랐던 트렌드를 발견하는 데 오래 걸리지 않는다.

브루클린에 처음 갔을 때, 거리에 죽 늘어선 상점들을 다니면서 구경했던 일이 기억난다. 이 상점들은 모두 거리가 아닌 다른 세상으로 열린 문 같았다. 이쪽에선 커민과 사프란 향이, 저쪽에선 마늘과 고춧가루의 냄새가 났고, 모퉁이마다 커피 내리는 향이 나를 맞아주었다. 이곳의 색과 소리와 음식의 조합은 어디서도 경험할 수 없는 종류의 것이다.

브루클린에 세계의 온갖 음식이 섞여 있는 것처럼, 그동안 내가 만난 친구들, 그리고 그들이 만들어준, 그들이 온 지역과 나라의 색채가 깃든 음식들 역시 다양하다. 이 다양성은 그들의 집안에서 대대로 전해진 음식, 전통 음식에서 가져온 레시피들과 함께 다음 장부터 생생하게 펼쳐진다.

내가 생각하는 브루클린의 특징은 모험적이고 대담한 요리법을 시도하는 것이다. 내가 브루클린 각지에 있는 사람들의 집에 초대되어 맛본 여러 음식들은 각 개인의 문화적인 배경을 살리면서도 예기치 못한 맛들을 배합한 새로운 시도였다. 세대마다 새로운 솜씨를 더하면서 그 집안에서 가장 좋아하는 음식을 계속 만들어가는 노력이란 정말 존경스럽다.

애리얼 디어리

{ FLORIST }

플로리스트 애리얼 디어리의 세상은 실제로 꽃과 덩굴과 나뭇가지들로 흘러넘친다. 부엌 선반에서 싱크대, 식탁, 책장까지 온갖 형태와 종류의 꽃꽂이들이 그녀의 집안 구석구석에 꾸미지 않은 아름다움을 들여놓았다. 윌리엄스버그의 아늑한 로프트(예전의 공장이나 창고를 개조한 아파트―옮긴이)인 애리얼의 집은 그녀의 상상력이 자연스레 가꾼 식물들이 사는 곳이다. 커다란 창으로 비스듬히 들어오는 햇살이 둥근 화병과 매달린 가지들의 그림자를 드리우며 집안을 장식한다.

뉴올리언스에서 태어난 애리얼은 대도시가 주는 영감과 활기를 찾아 북쪽으로 이주했다. 전형적인 다정한 남부 사람인 그녀는 이제 북쪽의 도시에서 성공적인 플로리스트로서 결혼식과 행사, 사진 촬영, 큰 디너 파티에서도 꽃

"우리 엄마는 매일 아침, 아무리 바빠도 한 시간 동안
부엌 카운터에서 커피를 마시며 신문을 읽었어요.
엄마만의 방식대로 했는데, 커피를 만든 다음 신문의 앞쪽을
읽으면서 반 컵을 마셨고, 나머지 반 컵을 데운 다음
신문의 뒤쪽으로 넘어갔어요.
뉴올리언스에 갈 때마다 나는 엄마의 이 아침 의식에 동참해요.
엄마가 다 읽고 넘겨주는 신문을 읽으며 매순간을 즐기는 거죠."

장식을 맡으며 사업을 성공적으로 꾸리고 있다. 부엌에는 허브들을 놓은 작은 화병 사이사이에 꽃들이 꽂혀 있다. 바질 한 다발과 딜 가지들 사이에 커다란 흰 작약들을 놓는 식이다. 꽃과 허브들이 완벽한 조화를 이루는 집이다. 애리얼은 꽃과 음식의 세계를 연결한다. 그녀는 꽃과 음식 모두 가장 자연적인 상태일 때 가장 아름답다고 생각한다. 그 지방에서 자라 그들만의 유기적이고 야생적인 아름다움을 간직하고 있는 상태. 이 아름다움은 생선과 마늘, 양파와 버터를 주로 이용하는 그녀의 고향 루이지애나의 요리를 통해 재해석되고, 그녀는 이렇게 정성스레 준비한 음식을 브루클린 친구들에게 대접하는 것이다.

Barbecued Shrimp

새우 바비큐

꼬리만 남기고 껍질을 벗긴
대하 24마리
무염 버터(113g)를 8등분한다
엑스트라 버진 올리브오일
¼컵(60ml)
케이준 양념 1테이블스푼(45ml)
소금 ½티스푼
레몬 2개를 하나당 6조각으로
동그랗게 썬다
갓 짠 레몬즙 1테이블스푼(15ml)
로즈마리 줄기 2개
다진 마늘 6쪽

애리얼: 전통적인 뉴올리언스 음식으로, 어렸을 때 가장 좋아하던 음식 중 하나예요. 이 레시피는 파스칼스 마날Pascal's Manale 레스토랑에서 개발한 요리를 우리 아빠가 변형한 것이죠. 바삭하게 구운 따뜻한 빵과 함께 내요.

새우를 씻은 후 페이퍼타월로 물기를 닦고 33×23cm 크기의 오븐용 그릇에 한 겹으로 깐다. 새우 위에 버터 조각들을 얹은 후 올리브오일을 골고루 뿌리고, 그 위에 케이준 양념, 소금, 레몬즙을 뿌려준다.

새우 위에 레몬 조각과 로즈마리 줄기들을 얹는다. 오븐용 그릇을 오븐의 위쪽 단에 넣고 오븐을 그릴 모드로 맞춘다. 새우를 3분간 구운 후 그릇을 꺼내 재료들을 골고루 섞는다. 그릇을 다시 오븐에 넣고, 새우가 투명하게 다 익을 때까지 이 과정을 1~2분마다 되풀이한다.

새우가 다 익으면 마늘을 넣고 새우를 4개의 램킨(오븐에 구워 바로 상에 낼 수 있는 1인용 그릇—옮긴이)이나 대접에 나눠 담은 후 오븐 용기 밑에 끼어 있는 소스를 새우 위에 끼얹는다. 뜨거울 때 바로 낸다.

사진 28쪽 · 4인분

Open-Faced Sandwiches with Feta, Tomatoes, Capers, and Basil

페타 치즈, 토마토,

케이퍼, 바질로 만든

오픈 샌드위치

바게트 1개

엑스트라 버진 올리브오일
2테이블스푼(30ml)과 나중에 뿌릴
여분의 오일 조금

발사믹 식초 2테이블스푼(30ml)

양젖으로 만든 프랑스산 페타 치즈
(230g, 8조각으로 자른다)

중간 크기 토마토 2개를 하나당 8조각
으로 납작하게 자른다

얇게 저민 중간 크기 빨간 양파 1개

케이퍼 2테이블스푼(30g)

신선한 바질 잎 8개

소금, 통후추 간 것

애리얼: 여름에 피크닉 갈 때 정말 좋은 음식이에요. 아주 간단하고 너무 배부르지 않으면서도 먹고 나면 만족스러워요. 어렸을 때 우리 가족은 이 샌드위치를 싸서 미시시피 강가로 피크닉을 가곤 했지요.

바게트를 길게 반으로 가른 후 다시 절반으로 잘라 4조각을 만든다. 빵의 자른 면에 올리브오일 2테이블스푼과 식초를 뿌린다.

4개의 빵 조각에 페타 치즈 2조각을 한 겹으로 깔고, 그 위에 썰어놓은 토마토와 양파, 케이퍼와 바질을 얹는다.

마무리로 여분의 올리브오일을 끼얹은 다음 입맛에 맞게 소금과 후추를 뿌린다.

사진 29쪽 · 오픈 샌드위치 4개

BROOKLYN, NEW YORK, USA

맥 스 와 일 라 이 서 스 맨

{ CHEFS }

서스맨 형제가 자란 미시간 주의 디트로이트에서 뉴욕 주의 브루클린까지는 꽤 먼 거리다. 하지만 요리라는 공통된 열정의 여정이었다고 하면 그리 멀지만도 않다. 그 여정은 그들이 십대일 때 여름 캠프의 진짜 주방에서 '규칙은 없다'라는 자세로 요리를 시작했을 때부터였다. 오늘날 이 두 사람은 브루클린에서 각각 레스토랑을 운영하고 있다. 맥스는 로베르타스에서, 일라이는 마일 엔드 델리카트슨에서.

"내가 자랄 때는 외가나 친가의 온 가족들이
브런치를 먹으러 모일 때가 많았어요.
베이글과 훈제 연어, 참치, 다른 훈제 생선과 키쉬를 먹었지요.
아침에 일어났는데 모두들 모여 있다는 건 참 좋아요."
—일라이 서스맨

부엌에서 맥스와 일라이는 한 몸처럼 움직인다. 한 사람이 냄비를 올리고 불을 켜면, 몇 분 후에 다른 사람이 와서 끓고 있는 것을 한 번 저어준다. 조금 있으면 또 다른 사람이 와서 불을 낮춘다. 한 사람은 말이 많고 적극적인 성격이고 다른 한 사람은 내성적이고 자기가 하는 일에만 몰두하는 편이다. 두 사람 다 요리를 하면서 아무렇지도 않게 친구들과 이야기를 할 수 있다. 요리가 끝나면 두 형제와 친구들의 편안한 협업의 결과물인 완벽한 요리가 그 모습을 드러낸다.

고구마 해시를 곁들인

이탈리아 소시지와 수란

Sweet Potato Hash with Italian Sausage and Poached Egg

일라이와 맥스: 이 요리는 충분한 한 끼 식사가 돼요. 하지만 이보다 가벼운 식사를 원하면 소시지 없이 고구마 해시와 수란만 먹어도 되고요. 그러면 채식 메뉴가 되는 거지요.

해시 재료:

큰 고구마 2개의 껍질을 벗긴 후 2.5cm 크기로 깍둑썰기한다

소금과 통후추 간 것

올리브오일이나 식용유 2테이블스푼 (30ml)

얇게 썬 중간 크기 양파 ½개

얇게 저민 마늘 1쪽

굵게 다진 토종 토마토(340g)

옥수수 2개는 껍질을 벗기고 알을 뺀다

다진 붉은 러시안 케일 1다발(170g)

무염 버터 2테이블스푼(30g)

타임(백리향), 차이브(골파), 셔빌(프렌치 파슬리) 또는 파슬리 같은 신선한 허브 ⅓컵(12g)

*해시는 고기나 감자 등의 재료들을 잘게 썰어 함께 넣고 조리한 것이다. 여기서 토종 토마토는 보통 작은 농장에서 대대로 내려오는 품종의 토마토를 가리키는 말로, 친환경적이고 재배 역사가 오랜 품종으로 질병에 약하고 색과 모양이 다양하다.

해시 만들기:

커다란 소스 팬에 고구마와 소금 2테이블스푼을 넣고 고구마 위로 2.5cm 정도 올라오도록 물을 붓는다. 센불로 올려 끓기 시작하면 중간불로 줄인다. 고구마가 다 익을 때까지 10분 정도 끓인 후 건져 물기를 뺀다.

커다란 무쇠 프라이팬에 기름을 붓고 중불로 데운다. 기름이 보글거리기 시작하면 고구마와 양파를 넣고 3~4분 정도 노릇하게 될 때까지 젓지 않고 익힌다. 그런 다음 가끔씩 저으면서 3~4분을 더 익히고. 마늘을 넣어 1분 정도 향이 날 정도로 익힌다. 토마토와 옥수수를 넣고 두 재료가 부드럽게 익을 때까지 3분가량 끓인 다음, 케일을 넣고 숨죽을 때까지 2분 정도 익힌다. 버터를 넣고 입맛에 맞게 소금과 후추를 넣는다. 마지막으로 다져놓은 신선한 허브를 넣는다.

소시지, 수란, 토스트 재료:
올리브오일이나 식용유 1티스푼 (5ml)
달콤한 이탈리아 소시지 2줄(230g)
물 2컵(480ml)
식초 ¼컵(60ml)
소금 2티스푼(12g)
큰 계란 2개
사워도우 빵 4조각
무염 버터 약간

＊사워도우 빵은 발효종을 넣어 만든 빵을 사용하면 된다.

소시지, 수란, 토스트 만들기:

해시가 익는 동안 중간 크기 프라이팬을 중불에 올리고 기름을 두른다. 기름이 보글거리기 시작하면 터지지 않도록 포크로 고르게 찔러놓은 소시지를 프라이팬에 넣고 가끔씩 돌려주며 노릇하게 익을 때까지 8분간 굽는다.

물과 식초와 소금을 작은 냄비에 넣고 중불에 올리고, 끓기 시작하면 불을 약하게 줄이고 물을 끓게 둔다.

계란 2개를 2개의 그릇에 각각 깨뜨려 담는다. 끓고 있는 물을 휘저은 후, 재빨리 조심스럽게 계란을 하나씩 넣는다. 2~3분 동안 흰자가 불투명해질 때까지 삶는다. 접시에 페이퍼타월을 깔고 그 위에 구멍이 뚫려 있는 국자나 스푼을 이용해 계란을 건져놓는다.

잘라놓은 빵을 굽고 입맛에 맞게 버터를 바른다.

낼 때는 두 접시 위에 해시를 반씩 담고 그 위에 수란을 놓은 다음, 소시지와 토스트를 곁들여 낸다.

2인분

BROOKLYN, NEW YORK, USA

염소 치즈를 곁들인

자두와 고수 샐러드

잘 익은 자두 4개를 웨지 모양으로 자른다

작고 연한 시금치 잎을 씻어서 1컵

얇게 저민 래디시 ⅓컵(100g)

화이트 발사믹 식초 2테이블스푼 (30ml)

엑스트라 버진 올리브오일 2테이블스푼(30ml)

소금

염소 치즈 115g

고수 잎 ¼컵(10g)

Plum and Cilantro Salad with Fresh Goat Cheese

일라이와 맥스: 색깔이 예쁘고 맛이 신선한 이 샐러드는 여름의 시작을 알리는 송가와도 같아요. 필요한 걸 못 구해서 다른 걸 쓰더라도 재료를 파머스마켓(농축산물의 생산자가 직접 물건을 들고 나와 판매하는 장. 한국의 오일장, 칠일장과 비슷한 개념이지만 주로 도시에서 열린다는 점이 다르다. 물건 가격은 대규모 유통업체보다 비싼 경우도 있지만 소규모 생산자들과 지역 산물 먹기를 지지하는 사람들이 많이 찾는다 — 옮긴이)에서 사도록 하세요. 시장 보기도 계절 요리를 하는 재미의 일부랍니다. 래디시 위에 붙어 있는 잎이 연하면 잘라서 샐러드에 함께 넣어도 좋아요.

커다란 그릇에 자두와 시금치, 그리고 래디시를 담는다.

작은 그릇에 식초와 올리브오일을 넣고 잘 섞일 때까지 거품기로 젓고, 입맛에 맞춰 소금으로 간을 한다. 이 드레싱을 샐러드 위에 뿌려가며 가볍게 섞어준다.

샐러드를 접시 4개에 나누어 담고 그 위에 치즈와 고수를 얹는다. 필요하다면 남은 드레싱을 그릇에 담아 함께 바로 상에 낸다.

애피타이저 4인분

BROOKLYN, NEW YORK, USA

윌리엄 히어포드와
알리사 파가노

{ PHOTOGRAPHER AND STYLIST }

윌리엄 히어포드의 사진은 클래식한 필름 사진이 갖고 있는 장점 위에 모던 테크놀로지의 장점이 더해진 결과다. 그의 사진이나 영상은 모두 고전적이면서도 친근하지만 사용하는 기술은 최첨단이다. 그의 작업은 전통적인 사진의 영역을 벗어나 사진과 영화 사이에 머물러 있다. 태블릿 PC에서 컴퓨터, 텔레비전까지 그의 작품은 프레임을 가리지 않는다.

하지만 윌리엄은 실제로 만나보면 놀라울 정도로 소박하다. 그는 버지니아 주에서 자랐고, 그러한 배경은 땅과 그 소산을 가까이 하는 전통적인 미국의 소박한 삶의 방식을 따른 그의 삶에서 그대로 드러난다. 지금은 브루클린에 살지만 자신의 목가적 미학이나 취향을 포기하지 않은 것이다. 그가 음식 사진을 찍으면 요리에서 시작해 닭과 도축과 하얗게 바랜 농장들까지 나오곤 하는데 여기서 끝나지 않는다. 그의 작업엔 피사체가 가진 정수가 표현된다. 오랜 농장의 가장 허름한 모습에서 뉴욕의 고급 레스토랑의 가장 요란한 화려함까지, 윌리엄은 소재마다 삶과 의미를 부여한다.

윌리엄의 음식이 특별한 이유는 그가 이 음식이 어디서 왔는지, 만들기 위해 어떤 노동이 이루어졌는지를 생각하기 때문이다. 맛을 이해하고 그 맛을 내기까지 어떤 작업이 있었는지 이해하는 것은 그저 맛을 즐기는 것과는 완전히 다른 일이다. 윌리엄과 그의 여자친구 알리사 파가노가 그 지역 농산물을 먹으려 노력하는 데는 이유가 있는 것이다. 하지만 지역 산물을 구하기가 쉽지 않을 때는 구할 수 있는 것으로 수프 한 냄비를 만들어 위안과 따뜻함을 즐기고, 그 풍성함을 나눈다. 그들은 함께하는 식사 시간을 소중하게 여긴다. 음식 맛은 물론, 그 위로 펼쳐지는 대화를 즐기는 것이다.

"구운 토마토는 내가 태어나기 전부터 추수감사절이나 크리스마스 때마다 먹던 음식이에요. 하지만 어렸을 때는 이 음식을 싫어했어요. 어른들이나 먹는 세련된 음식처럼 보였기 때문일 거예요. 나는 버지니아 주에서 태어났지만 메인 주에서 대학을 다녔고 지금은 브루클린에 살기 때문에 남부 사투리가 없어졌지만 엄마는 아니에요. 엄마는 항상 공손하게 이러셨죠. '구운 토마토 좀 더 주이소.'"
—윌리엄 히어포드

구운 토마토

무염 버터 3테이블스푼(42g)
잘 익은 토마토(2.7kg)
소금과 통후추 간 것
중력분 3컵(420g)
식용유 ⅓컵(필요한 경우 여분을 준비한다)
설탕 1테이블스푼(13g)

Burnt Tomatoes

오븐 중간에 오븐망을 놓고 163도로 예열한다. 33×23cm 오븐용 그릇에 버터를 바른다.

토마토를 1.3cm 크기로 썰어 소금과 후추로 간을 한다. 커다란 접시에 밀가루를 담아 놓고, 자른 토마토에 밀가루를 묻힌다. 너무 많이 묻으면 살짝 떨어낸다.

기름을 두른 커다란 프라이팬을 중불에 올린다. 기름이 보글거리기 시작하면 토마토를 넣어 튀긴다. 한쪽씩 3분 정도 바삭하고 노릇하게 될 때까지 두었다가 뒤집는다. 뒤집개를 이용해 토마토를 오븐용 그릇에 한 겹으로 깐다. 그 위에 설탕 1티스푼(4g)을 뿌린다. 이 과정을 반복하여 필요한 만큼 토마토를 더 튀긴다. 필요하면 기름을 더 부어서 튀긴다. 토마토에서 나온 밀가루가 타기 시작하면 기름을 버리고 프라이팬을 종이로 닦은 후 새 기름을 붓는다. 한 겹으로 깐 튀긴 토마토 위에 한 겹 더 깔고 설탕을 뿌리는 과정을 반복하며 켜켜로 쌓는다.

토마토가 거품이 생기며 익을 때까지 1시간 동안 오븐에 굽는다. 그릇을 식힘망에 옮겨 10분 동안 식힌 후 상에 낸다.

10~12인분

데이비드 쿠온,
데릭 밴 휼과
네이선 워켄틴

{ MUSICIANS }

록밴드 위바바리언스We Barbarians의 멤버들인 데이비드 쿠온, 데릭 밴 휼, 그리고 네이선 워켄틴은 독특하고 영감을 주는 음악 세계를 펼친다. 이들은 로스앤젤레스에서 10년 넘게 함께 음악을 해왔다. 그동안 많은 앨범을 냈고 미국을 횡단하여 브루클린의 그린포인트까지 오게 되었다. 그들의 음악은 인디 록, 블루스 록이라 불리지만 그들이 함께 만들어가는 삶은 뭐라 정의하기가 어렵다. 데이비드와 데릭과 네이선은 함께 일을 할 뿐 아니라 함께 살면서 함께 요리하고 함께 손님을 치른다. 가족이나 다를 바 없다. 그들이 모두 캘리포니아에서 자란 공통점은 요리에서도 나타나는데, 가장 특징적으로 무슨 요리든 아보카도를 썰어 곁들인다. 그들이 현재 브루클린에 사는 티는 요리 재료에서 나타난다. 옥상 텃밭에서 기른 야채를 쓰고, 동네 빵집에서 갓 구워진 브리오슈를 쓴다. 하지만 장소가 어디든 그들은 밖에서 요리하는 것을 즐기고, 그것이 그들이 가장 잘 하는 방식이다. 데이비드와 데릭과 네이선은 캐주얼하게 뒤뜰에서 바비큐를 하는 것이 손님 접대로 가장 간단하고 또 가장 잘 어울릴 수 있는 방법이라고 입을 모은다.

그래서 그들은 우리에게 바비큐를 해주었다. 바비큐에 구운 칠면조 버거와 칩과 과카몰리에 차가운 상그리아를 곁들여 대접해주었다. 우리가 이 뮤지션들과 함께 경험한 식사는 정통 미국식이라는 생각이 들었다. 활기차고 재미있는 사람들과 뜨거운 여름의 햇살 아래 함께 하는. 어릴 때 가족들과 혹은 낯익은 사람들과 편안하게 보내며 했던 야외 식사와 크게 다르지 않았다.

Mexican-Style BBQ Corn

멕시코 스타일 바비큐 옥수수

큰 옥수수 4개
녹인 무염 버터 1테이블스푼(14g)
마요네즈 ¼컵(60g)
스리라차소스 2티스푼(9g)
가루 낸 코티야 치즈(60g)

*스리라차소스는 태국의 지명을 딴 매운 소스로, 고추 페이스트에 식초와 설탕, 마늘 등을 넣어 만든 것이다. 코티야 치즈는 멕시코의 지명을 딴 딱딱한 치즈의 종류로, 파르메산 치즈나 페타 치즈로 대체 가능하다.

숯불을 지펴 숯이 희끄무레하게 탈 때까지 둔다. 가스 그릴을 이용하는 경우라면 중불과 강불 사이에 맞춘다.

옥수수 껍질을 벗기되 떼어내지 말고 뒤로 젖혀두고, 옥수수염만 제거한다. 옥수수에 녹인 버터를 바르고 젖혀두었던 껍질로 덮는다. 옥수수를 그릴 위에 놓고 가끔 돌려주며 15분에서 20분 동안 익힌다. 옥수수를 접시에 담는다.

마요네즈와 스리라차소스를 섞는다. 옥수수 껍질을 벗겨 매콤하게 된 마요네즈를 골고루 펴 바른 후 치즈 가루를 뿌린다. 뜨거울 때 바로 낸다.

4인분

Quinoa and Bean Summer Salad

퀴노아와 콩을 넣은 여름 샐러드

퀴노아 1컵(200g)
엑스트라 버진 올리브오일 2테이블스푼(30ml)
천일염
물 2컵(480ml)
씻어서 건져둔 통조림 검은콩(455g)
씻어서 건져둔 통조림 병아리콩(455g)
빨간 피망 1개는 꼭지와 씨를 제거하고 다진다
오이 1개는 씨를 빼고 작게 깍둑썰기
레드 와인 식초 ¼컵(60ml)
레몬즙 2테이블스푼(30ml)
통후추 간 것

퀴노아를 고운체에 담아 맑은 물이 나올 때까지 흐르는 물에 씻는다.

중간 크기 냄비에 올리브오일 1테이블스푼을 넣고 강-중불에 올린다.

기름이 보글거리기 시작하면 퀴노아와 소금 ½티스푼을 넣고 퀴노아가 노릇하게 익을 때까지 5분 정도 볶는다. 그 위에 물을 붓고 끓이다가 물이 끓어오르면 중불로 줄이고 물이 자작해질 때까지 10분 정도 더 끓인다. 불을 약하게 줄이고 뚜껑을 덮은 다음 퀴노아가 완전히 익을 때까지 15분 정도 그대로 둔다. 다 익은 퀴노아를 뒤적인 후 샐러드 그릇에 담아 완전히 식힌다.

식은 퀴노아에 검은콩과 병아리콩, 피망, 오이, 식초, 레몬즙, 그리고 남은 올리브오일 1테이블스푼을 넣고 섞어준다. 입맛에 맞게 소금과 후추로 간한 후 상에 낸다.

4인분

Turkey Avocado Burgers

칠면조 아보카도 버거

칠면조 고기 간 것 500g
다진 마늘쫑 2~3대(57g 정도)
엑스트라 버진 올리브오일 1테이블스푼(15ml)
커민 가루 1티스푼(3g)
소금 1티스푼(6g)
통후추 간 것 1티스푼(6g)
브리오슈 4개
그뤼에르 치즈(슬라이스)
잘 익은 아보카도 2개의 씨를 빼고 저민다
겨자 잎

숯불을 지펴 숯이 희끄무레하게 탈 때까지 둔다. 가스 그릴을 이용하는 경우라면 중불과 강불 사이에 맞춘다.

칠면조, 마늘쫑, 올리브오일, 커민, 소금과 후추를 중간 크기 그릇에 넣고 잘 섞어준다. 이걸로 버거 패티 4개를 만들어 그릴 위에 놓고 다 익을 때까지 한쪽 면당 4~5분 정도 굽는다.

브리오슈에 고기 패티를 놓고 그뤼에르 치즈, 아보카도, 겨자 잎을 얹으면 버거가 완성된다.

4인분

Citrus-Mint Sangria

시트러스 민트 상그리아

차갑게 한 게뷔르츠트라미너 1병 (750ml)
쿠앵트로 ¼컵(60ml)
자몽, 오렌지, 레몬을 각 1개씩 준비하여 문질러 닦고 반으로 잘라 씨를 뺀 후 0.6cm 두께로 저민다
얼음
신선한 민트 잎

와인, 쿠앵트로, 자몽, 오렌지, 레몬을 피처에 담고 젓는다.

1시간 정도 냉장고에 넣어 차게 한다. 민트 잎과 함께 얼음을 넣은 후 담아낸다.

1피처(950ml가량)

엘리자베스 하다드

{ COFFEE CONNOISSEUR / BLOGGER }

아마 그녀도 모르는 사이, 커피가 엘리자베스 하다드를 발견했다. 지금은 커피 전문가이자 블로거로 활동하는 그녀는 어린 시절 엄마와 엄마 친구들이 커피를 마실 때 옆에 앉아 있곤 했다. 쓴 커피의 맛을 볼 나이가 아니었지만 자신도 그 자리에 끼고 싶다는 생각을 했었다고 한다. 사기 컵과 그 위에 묻은 립스틱 자국을 기억했고, 커가면서 커피 한 잔을 나누는 즐거움은 그녀의 인생에서 특별한 자리를 차지하게 되었다.

어느 날 로마의 노천카페에서 완벽한 카푸치노 한 잔을 마시며 이 오래된 열망과 정면으로 마주하게 되었다. 그 순간 그녀는 이 세상 어디에서나 삶은

> "나는 언제나 집에서 커피 담당이었어요.
> 평일, 크리스마스 아침, 부활절 아침, 생일날, 명절날, 주말에도……
> 내가 가장 좋아하는 기억들은 언제나 가족과 친구들과 함께
> 아침에 커피 마시는 시간에 있었던 일들이에요.
> 물론 내가 커피를 만드는 방법이나 기술은 그동안 변해왔죠.
> 그라인더와 핸드 드립, 에어프레스 커피까지……
> 하지만 본질은 변하지 않고 항상 같아요."

머그잔과 프렌치 프레스 주변에서 일어나고 있다는 사실을 깨달은 것이다. 그래서 그녀는 '커피 실험The Coffee Experiment'이라는 블로그를 시작했다. 다양한 종류의 커피와 또 커피가 어떻게 사람들의 관계에 윤활유 역할을 하는지에 관한 기록이었다.

그녀가 커피를 마시는 시간은 거의 신성하다. 바쁘고 정신없는 하루를 보내기 전 평화로움 속에서 생각할 시간을 갖는 것이다. 커피를 만들고 나누는 것은 엘리자베스가 자신을 세상의 중심에 두는 동시에 다른 사람들과 만나는 방법이다. 지금 뉴욕에 살고 있지만, 그녀는 멀리, 많은 곳을 여행한다. 어느 곳을 방문하든 그녀는 다른 커피 전문가들 그리고 멀리 사는 친구들과 함께 최고의 커피를 나눈다.

내니 프래니의 사과 스트루들

Nanny Frannie's Apple Strudel

반죽 재료:

중력분 4컵(560g)과 여분의 밀가루 조금

소금 1티스푼(6g)

따뜻한 물 1½~1¾컵(355~415ml)

엑스트라 버진 올리브오일 ¼컵 (60ml)과 반죽에 바를 여분의 오일 약간

레몬즙 1테이블스푼(15ml)

엘리자베스: 어렸을 때 프랜시스 외할머니는 나와 가장 친한 친구였어요. 우리는 할머니를 내니라고 불렀는데, 왜냐하면 할머니의 별명인 프래니와 운이 같기 때문이었죠. 할머니는 스크래블(알파벳이 적힌 조각을 가지고 하는 크로스워드 퍼즐 게임—옮긴이)을 무척이나 좋아하셨고, 아마도 우리 둘이 스크래블을 그렇게 많이 했기 때문에—우리는 단어를 좋아했지요— 미래에 내가 글을 쓰게 된 것이 아닐까 생각될 정도예요. 할머니는 나에게 바느질도 가르쳐주셨고, 코에 숟가락을 어떻게 붙이는지도 가르쳐주셨어요. 할머니는 또 요리를 무척 잘하셨고, 하루 종일 우리에게 뭔가 해 먹이려 하셨어요. 할머니와 나는 둘 다 과일을 무척 좋아했고, 하루 종일 신선한 과일—키위, 사과, 딸기, 자몽—들을 깎아주셨어요. 간단한 일처럼 들리지만 할머니가 너무나 능숙한 솜씨로 과일을 준비해주셨기에 항상 완벽한 모양의 과일들을 먹을 수 있었죠. 할머니 말고는 아무도 사과를 그렇게 빨리, 예쁘고, 얇게 깎는 사람은 없었어요. 굉장한 솜씨였죠.

할머니는 우리 집에 오실 때마다 항상 이 사과 스트루들을 갖고 오셨어요. 나도 몇 번 만들어봤지만 아직도 할머니가 어떻게 반죽을 그렇게 크고 얇게 만드셨는지 알 수가 없어요. 할머니는 때로 건포도를 넣으셨는데 내가 어렸을 때는 왠지 건포도를 싫어했기 때문에 할머니는 다른 과일들을 넣고 만들어주셨어요. 어른이 된 다음에는 (건포도도 좋아하게 되었고요!) 내가 여러 과일을 넣어가며 실험해보았죠. 여름에는 블루베리나 루바브(굵고 빨간 줄기에 큰 잎사귀를 가진 식물로, 대황이라고 하며, 주로 파이에 넣는다—옮긴이)를 넣었고, 가을이나 겨울에는 심지어 호박도 넣어보았어요. 약혼자(이 책이 나올 때쯤이면 남편이 되어 있을)가 견과류에 알레르기가 있기 때문에 레시피에서 견과류는 뺐어요. 하지만 솔직히 말해 스트루들에 호두나 피칸을 넣으면 정말 맛이 좋아요.

반죽 만들기:

스탠드 믹서에 소금을 넣은 밀가루를 넣는다. 계량컵에 물 1½컵(355ml)과 올리브오일, 레몬즙을 섞는다. 손가락으로 밀가루 중간에 홈을 파고 그 위에 물을 붓는다. 중간보다 약한 세기로 믹서를 돌리고, 부드러운 반죽이 될 때까지 계속한다. 반죽이 너무 되면 따뜻한 물을 더 넣는다. 믹서의 빠르기를 중간으로 맞춰 반죽이 부드러워질 때까지 10분 동안 반죽한다. 손으로 반죽하는 경우에는 깨끗하고 마른 작업대 표면에 밀가루를 뿌린 다음 치댄다. 반죽을 둥글게 빚어 브러시로 올리브오일을 발라준 다음 커다란 그릇에 넣고 뚜껑을 덮어 실온에 1시간 반 동안 둔다.

속 재료:

중간 크기의 딱딱한 붉은 사과 또는 아오리 사과 5개를 준비해 껍질과 씨를 제거하고 3cm 두께로 자른다.

신선한 블루베리 1컵(156g)

꿀 2테이블스푼(14g)

레몬즙 1테이블스푼(15ml)

설탕 5½테이블스푼(80g)과 나중에 뿌릴 여분 조금

시나몬 가루 1티스푼(3g) 또는 입맛에 맞게 준비

녹여서 약간 식힌 무염 버터 8테이블스푼(113g)

반죽을 7.6cm 크기로 10등분하여 축축한(너무 젖지 않은) 수건을 덮어둔다. 자른 반죽을 하나씩 38×33cm 크기로 민다. 반죽이 펴지며 얇아지기 시작하면 반죽 위에, 그리고 반죽을 살짝 들어 그 밑의 표면에도 밀가루를 뿌린다. 밀대를 반죽으로 싸듯이 밀다가 반죽이 밀대를 완전히 싸면 반죽을 펴서 그 과정을 반복한다. 필요하면 밀가루를 더 뿌린다. 반죽이 얇아서 반투명해질 정도가 되어야 한다.

다 민 반죽은 젖은(하지만 물기는 꼭 짠) 수건으로 덮어서 옆으로 치워둔다. 나머지 반죽도 미는 과정을 반복하여 차곡차곡 쌓고 젖은 수건을 덮어둔다.

note: 스탠드 믹서-키친에이드-가 아닌 핸드 믹서를 사용해도 괜찮다.

속 만들기:

오븐 중간에 오븐망을 놓고 204도로 예열한다.

사과, 블루베리, 꿀, 레몬즙, 설탕 그리고 시나몬을 커다란 그릇에 넣고 섞는다. 섞은 재료를 사과즙이 배어나올 때까지 15분 정도 둔다.

오븐판 위에 큰 유산지를 깐다. 종이 위에 얇게 민 반죽을 깐 다음 그 위에 브러시로 버터를 바르고 설탕 1½티스푼(9g)을 뿌린다. 남은 반죽 4개도 이 과정을 반복한다. (나머지 반죽 5덩어리는 밀어서 유산지에 싼 다음 비닐 랩으로 싸서 냉동 보관한다. note 참조)

사과 속을 5cm 정도 두께로 반죽 중간에 깔고 가장자리는 2.5cm씩 남긴다. 반죽을 돌돌 말듯이 접어서 사과 속을 싼다. 반죽 네 귀퉁이를 접어서 단단한 직사각형 모양의 스트루들을 만든다. 그 위에 브러시로 버터를 바르고 설탕을 뿌린다.

스트루들이 노릇해질 때까지 15분에서 20분 동안 굽는다. 다 된 스트루들은 꺼내 15분간 식힌 다음 잘라서 낸다.

note: 얼린 반죽을 사용하려면 냉장실로 옮겨 4시간에서 6시간 동안 반죽을 녹인 후 펴서 젖은 수건으로 덮어놓았다가 레시피에 따라 준비한다.

사진 55쪽 · 6~8인분

에이미 메릭

{ FLORIST / STYLIST }

에이미 메릭은 어렸을 때 아빠가 재배한 토마토를 가판대에서 언니와 함께 서서 팔곤 했다. 뉴햄프셔 주 핸콕이라는 작은 마을에 자리 잡은 예쁜 농가에서 동식물과 함께 자란 그녀는 집보다 밖에서 노는 것을 즐겼다. 오늘날 그녀는 뉴욕 주 브루클린이라는 완전히 다른 환경에서 살고 있다. 환경은 엄청나게 달라졌지만 그녀는 전과 달라진 것이 별로 없다. 그녀의 가족, 그리고 어린 시절을 보낸 고향이 남긴 산물이다.

에이미는 플로리스트, 작가, 스타일리스트로서 활발한 활동을 하고 있다. 그녀는 야생 그대로의 나뭇가지와 꽃송이와 잎사귀들을 사용하여 얌전한 장식보다는 열정적인 미학을 추구한다. 이런 미학은 전원생활에서 비롯된 것

> "어렸을 때 시골에서 자라서 자연을 좋아하는 성향을 갖게 되었어요.
> 대도시로 옮기고 나니 더 적극적으로 자연과 가까이 하려는
> 노력을 하게 됐고, 꽃은 처음부터 예상된 결론이었죠."

이 분명하지만, 도시에서도 잘 어울려서 특별 행사나 사진 촬영, 결혼식 등을 더욱 특별하게 만들어준다.

그녀는 브루클린에 집과 작업실을 마련하긴 했지만 될 수 있는 한 어린 시절을 보낸 전원으로 자주 돌아간다. 우리는 그곳에서 그녀를 만나 함께 블루베리를 따고 그녀 가족의 농가를 구경하고 삐걱거리는 마루 위를 걸었다. 에이미는 오래된 화덕 위에서 잼을 병에 담으며 어린 시절의 이야기들을 들려주었다. 그녀가 뉴햄프셔에서 하는 생활은 요즘의 삶과는 분명 차이가 있다. 느리고 온화한, 거의 가족과 역사에 집중하는 생활이다. 에이미는 여기서 아무 불편이 없어 보인다. 이곳은 그녀에게 아름다움, 느림, 넘쳐나는 자연의 느낌을 편안한 디자인으로 옮기는 능력을 제공해주는 것이다.

Wild Blueberry Currant Jam

야생 블루베리 잼

설탕 1컵(200g)
저당 펙틴 파우더 2티스푼(3g)
신선한 블루베리 6컵(850g)을 으깬다
붉은 커런트 2컵(400g)을 으깬다
갓 짠 레몬즙 ¼컵(60ml)
칼슘 물 2티스푼(10ml)

에이미: 매년 7월 말, 뉴햄프셔에 있는 호수 주위로 야생 블루베리가 익을 때가 되면 우리 가족은 블루베리를 따서 잼을 만들었어요. 가능하다면 커런트(까치밥나무열매)를 더해 넣기도 했는데, 왜냐하면 이 열매는 특유의 톡 쏘는 맛이 있고, 잼이 만들어지는 데 필요한 자연 펙틴 성분이 많기 때문이죠. 아침에 리코타 치즈와 함께 통밀 토스트에 발라 먹거나 요거트에 넣어 먹어보세요. 일 년 내내 여름을 간직하는 좋은 방법이에요.

400ml짜리 유리병 3개와 뚜껑을 뜨거운 물에 소독한다.

우묵한 그릇에 설탕과 펙틴을 섞는다.

과일과 레몬즙을 냄비에 담고 칼슘 물을 넣어 끓인다. 과일이 끓으면 설탕과 펙틴 섞은 것을 넣고 약 2분 동안 설탕이 녹을 때까지 계속 저어준다. 과일이 다시 끓으면 불에서 내린다.

유리병에 잼을 넣고 병 입구를 깨끗하게 닦고 뚜껑을 덮는다. 너무 꽉 닫지 않는다.

커다란 냄비에 넉넉하게 물을 부어 끓인 후 잼을 담은 유리병들을 넣어 10분간 끓인다. 유리병을 꺼내 식힌 다음, 뚜껑의 가운데 부분이 약간 움푹 들어갔는지 확인한다. (진공 상태가 되었는지 확인하는 것이다.) 밀봉이 잘 안 된 병은 냉장고에 넣고 바로 먹는다.

note: 에이미는 포노마Ponoma 펙틴을 좋아한다. 많은 양의 설탕 대신 칼슘으로 잼이 되게 하기 때문이다. 칼슘 파우더는 보통 상자에 포장되어 판매되는데, 칼슘 물을 만들려면 칼슘 파우더 ½티스푼을 물 ½컵에 녹이면 된다. 남은 칼슘 물은 2개월 정도 냉장 보관할 수 있다.

사진 61쪽, 63쪽 · 잼 1.4kg

닉 포셜드

{ FOOD WRITER / PUBLISHER }

닉 포셜드는 음식과 관련된 세상의 내부 사정을 잘 아는 사람이다. 〈푸드 앤 와인Food & Wine〉이나 〈와인 스펙테이터Wine Spectator〉 같은 잡지에서 편집팀을 이끌었고, 다른 요리 관련 프로젝트도 해왔다. 가장 최근에는 〈테이스팅 테이블The Tasting Table〉의 편집장으로 3년간 일했다. 〈테이스팅 테이블〉은 매일 발간되는 이메일 신문으로, 최고의 레시피와 요리사, 레스토랑을 선별하여 독자들에게 전해준다. 그는 오랫동안 온·오프라인의 언론계에서 일한 경험을 바탕으로 이 다양한 커뮤니케이션 방식들을 완전히 새롭게 합치려는 시도를 하고 있다. 닉은 요즘 전자책, 애플리케이션, 종이 요리책 등 인쇄 매체와 웹 매체에서 모두 가능한 제품을 개발하는 중이다. 그는 계속 변하는 독자층과 글로벌 플랫폼에 적응하고, 독자들의 요구에 다양

> "정말 즐겁게 요리하려면 요리는 즉흥적으로 해야 해요.
> 미리 뭘 할까 너무 고민하면 자꾸 논리적으로 생각하게 되고
> 독창적인 생각은 뒤로 밀려나요. 뭘 할지 정하지 않고 요리를
> 시작하면 즉흥적으로 해나갈 수밖에 없어요.
> 이런 식으로 요리를 하면 조마조마해서 두근거리기도 하고,
> 재료에 충실한 요리를 하게 되기 때문에
> 전 이런 방식을 좋아해요."

한 방식으로 다가가는 저널리즘을 꿈꾼다.
풍부한 경험 덕분에 닉은 요리와 관련해서는 프로다. 그는 전문가처럼 레시피를 쓸 줄도 알고, 재료를 가장 단순하게 사용할 줄도 안다. 하지만 그가 가진 최고의 재능은 가족 모임이나 집에서 손님 초대를 할 때 음식에 집중한다는 사실이 아닐까. 이런 철학은 가족끼리 식사를 함께하는 오랜 전통에서 나온 것이다.
닉이 우리에게 만들어준 음식(여기 소개된 땅콩버터와 베이컨 샌드위치)은 복잡하거나 대단하지 않은, 위안을 주는 단순한 음식이다. 우리가 방문했던 그날 오후 확실히 느낀 것은 닉은 관객들에게 ─식탁에 앉아 있는 사람들이나 그의 글을 기다리는 멀리 있는 독자들이나─ 계속해서 식욕을 느끼게 하는 비상한 재주가 있다는 사실이다.

Pimiento Cheese

피미엔토 치즈

굵게 간 체다 치즈(455g)

페퍼듀 고추 1컵(140g)을 잘게 다지고 물을 뺀다.

마늘 피클 ½컵(115g)과 피클 국물 조금

마요네즈 ⅓컵(75g)과 혹시 필요할 수 있으니까 여분 조금

잘게 다진 작은 샬롯 ½개

크렘 프레시나 사워크림 2테이블스푼(30g)

잘게 다진 파 1줄

소금과 통후추 간 것

타바스코 소스

함께 상에 낼 크래커나 크로스티니

*페퍼듀 고추는, 페퍼듀 사에서 생산하는 단맛이 나는 매운 고추 피클로, 단맛은 덜하지만 할라피뇨 피클로 대체할 수도 있다. 샬롯은 작은 양파의 일종으로, 양파로 대체 가능하다. 크렘 프레시는 발효종이 살아 있어 약간 신맛이 나는 진한 크림으로, 일반 사워크림보다 신맛이 덜하지만 사워크림에 우유나 생크림을 약간 넣어 대체할 수 있다. 크로스티니는 얇고 작게 잘라 구운 애피타이저용 빵이다.

닉: 나는 같은 요리를 두 번 하는 것을 싫어해요. 절대로 안 해요. 하지만 피미엔토 치즈는 내가 준비하는 저녁 식사에 종종 올라와요. 애피타이저 요리로 아주 좋고, 냉장고에 조금씩 남아 있는 것들을 정리하기에도 좋아요. 만들어놓은 피미엔토는 사지 않고, 구운 피망, 페퍼듀(내가 제일 좋아하는)와 함께 온갖 종류의 피클을 섞고 온갖 종류의 치즈를 써서 만들어봤어요. 그리고 항상 조금씩 아껴두었다가 피미엔토 그릴 치즈 샌드위치를 만들어 먹지요.

중간 크기 그릇에 치즈, 고추, 피클, 마요네즈, 샬롯, 크렘 프레시, 그리고 파를 넣고 포크로 잘 섞어준다. 마요네즈를 추가해야 할 경우 1테이블스푼씩 넣어가며 적당히 되직해지도록 농도를 맞춘다. 되직해도 펴 바를 수 있을 정도여야 한다. 소금, 후추, 타바스코와 피클 국물을 넣어 간을 맞춘다.

먹을 때까지 밀폐 용기에 넣어 냉장 보관한다. 1주일까지 보관 가능하다. 먹기 전에는 상온에 꺼내어 놓았다가 크래커나 크로스티니와 함께 낸다.

사진 69쪽 · 2컵 분량

Peanut Butter and Bacon Sandwiches

땅콩 버터와

베이컨 샌드위치

두껍게 썬 베이컨 8조각(230g)
식빵 8조각
땅콩 버터
꿀(원한다면)

닉: 어렸을 때 아빠는 집에서 한 블록 떨어진 곳에 있는 병원에 근무하셨어요. 그래서 점심은 거의 집에 와서 드셨죠. 엄마는 적어도 일주일에 한 번은 이 샌드위치를 만들어주셨어요. 엄마가 언제부터, 왜 이 샌드위치를 만드셨는지도 모르고, 어디서 레시피를 얻으셨는지도 모르겠어요. 하지만 때로 이런 것들은 모르는 게 좋아요. 여기서 비결은 베이컨을 아주 바삭하게 굽는 거예요. 엄마는 전자레인지에 굽는데 페이퍼타월을 많이 써서 기름을 제거하셨지요. 나는 무쇠 프라이팬이 달궈지기 전에 베이컨을 넣고 굽기 시작해요. 땅콩 버터는 빵이 뜨거울 때 발라서, 먹기 직전 땅콩 버터가 빵 위에서 사르르 녹게 해요.

무쇠 프라이팬이나 커다란 프라이팬을 중불보다 약한 불에 달구고 베이컨을 올려 기름이 최대한 많이 빠져나오면서 바삭해질 때까지 8분 정도 굽는다. 페이퍼타월 위에 베이컨을 놓아 기름을 뺀다. 팬에는 베이컨 기름을 1테이블스푼(15ml) 남겨둔다. 나머지 기름은 다른 용기에 따라 둔다. 베이컨을 반으로 자른다.

팬에 남아 있는 베이컨 기름에 식빵을 넣고 중불에 굽는다. 노릇해질 때까지 2분 정도 굽는데, 기름이 모자라면 따로 놔둔 베이컨 기름을 더 넣는다.

식빵 한 쪽에 땅콩 버터를 바른다. 그 위에 베이컨 4조각을 올리고 원하면 꿀을 조금 떨어뜨린다. 그 위에 식빵을 덮고 반으로 자른다. 남은 빵과 베이컨으로 이 과정을 반복한다. 뜨거울 때 바로 낸다.

사진 67쪽 · 샌드위치 4개

BROOKLYN, NEW YORK, USA

릴 리 올 드

{ BLOGGER / EVENT PLANNER }

파이를 좋아하지 않는 사람은 없다. 하지만 릴리 올드처럼 파이 사랑을 실천하며 사는 사람은 없다. 그녀는 파이를 위해, 또한 모든 빵과 과자류를 위해 살아간다. 릴리는 '버터 미 업, 브루클린Butter Me Up, Brooklyn'이라는 블로그를 운영한다. 그녀의 오븐에서 나오는 달콤하고 버터 향이 나는 디저트들에 딱 어울리는 이름이다. 그녀의 블로그에는 군침 도는 사진과 레시피가 함께 올라간다. 모든 종류의 디저트 파이, 타르트, 쿠키, 브라우니, 미니 도넛 머핀의 레시피와 그리고 가끔씩 '취하는 음료'의 레시피도 올라간다. 하지만 그녀는 여기서 멈추지 않는다. 어릴 때 있었던 일, 지금 살고 있는 뉴욕에서 일어나는 일들, 쿨한 재치와 소박함이 깃든 일화들을 올린다. 릴리의 레시피는 간단하고 만들기에 즐겁고, 글에서 느껴지는 목소리에는 중독성이 있다. 그녀의 블로그는 전문적인 동시에 물씬 느껴지는 인간적인 냄새 때문에

"나는 똑같은 디저트를 두 번 만들지 않아요.
물론 항상 다른 것을 만들기는 어려운 일이기도 하고,
엄마가 크리스마스 때 만드는 타르트는 이 규칙에서 예외지요.
그래도 계속해서 새로운 아이디어를 실험해보고 독특한 맛을
발견하려고 노력하는 건 무척 중요하다고 생각해요."

2012년 사브어닷컴Saveur.com에서 최고의 디저트 블로그로 선정되었다. 빵을 굽거나 블로그에 올라갈 글을 쓰거나 사진을 찍지 않을 때 그녀는 크고 작은 이벤트를 기획하는 이벤트 플래너로 일한다. 릴리의 가족은 대가족이었고, 그래서 아주 간단한 모임도 큰일이었다. 집의 문은 열려 있어 항상 현관에서 누군가를 기다리고 있는 듯한 느낌이었다. 릴리는 어려서부터 좋은 음식과 맛있는 디저트는 사람들을 끌어들이는 힘이 있다는 걸 깨달았다. 물론 음식 맛이 좋아서 오기도 하지만 맛있는 음식을 다 함께 나누어 먹고 좋은 시간을 보내는 것 자체가 매우 강력한 것이다.

릴리는 뉴욕의 작은 부엌에서 레시피를 연구해 디저트를 굽는다. 카운터도 부족하고 찬장도 부족하고 요리 기구도 많지 않다. 하지만 이런 불편 때문에 기가 꺾이지는 않는다. 그녀는 계속 디저트를 굽고, 친구들은 계속 찾아온다. 이는 초대받은 친구들과 릴리 모두에게 기쁨이 된다.

볶은 아루굴라, 아몬드,

염소 치즈를 넣은 파스타

소금
얇게 저민 아몬드 ½컵(60g)
올리브오일 ⅓컵(80ml)
마늘 3쪽을 얇게 저민다
푸실리, 펜네, 또는 토르틸료니 같은 길이가 짧은 파스타(230g)
아루굴라 4컵(115g)
염소 치즈(115g)
통후추 간 것

*아루굴라는 루콜라, 로켓이라는 이름으로 더 잘 알려져 있다.

Pasta with Wilted Arugula, Almonds, and Soft Goat Cheese

커다란 냄비에 물을 붓고 소금 1테이블스푼(18g)을 넣어 강-중불에 끓인다.

물을 끓이는 동안 커다란 프라이팬을 강-중불에 올려놓고 아몬드가 노릇해질 때까지 가끔씩 저어주며 5분 동안 볶는다. 다 볶은 아몬드는 작은 그릇에 담아놓는다.

같은 프라이팬을 강-중불에 올린 후 올리브오일을 두른다. 기름이 데워지면 마늘을 넣고 저어주고 뒤집어주면서 2~3분 동안 노릇하게 될 때까지 볶아준다. 기름은 놓아두고 마늘만 건져내어 페이퍼타월을 깐 접시에 놓아 기름을 뺀다.

끓는 물에 파스타를 넣고 12분 동안 알덴테로 익을 때까지 끓인다. 파스타를 끓일 동안 마늘 볶은 기름이 있는 프라이팬에 아루굴라를 넣고, 아루굴라가 숨이 죽을 때까지 중불에 3분 정도 볶은 후 불을 끈다.

파스타를 끓인 냄비에서 물 1컵(240ml)을 덜어낸 다음 파스타를 건져내고 물을 버린 후 파스타를 다시 냄비에 담는다. 구멍 뚫린 숟가락이나 주걱으로 아루굴라를 건져 파스타에 넣고 식용유를 넣는다. 준비한 염소 치즈 절반과 아까 덜어놓은 파스타 삶은 물 2테이블스푼(30ml)을 더한 다음 치즈가 녹아 소스처럼 될 때까지 저어준다. 파스타 삶은 물을 조금씩 더 넣으며 입맛에 맞게 농도를 조절한다.

작은 그릇에 남은 염소 치즈와 파스타 삶은 물 1테이블스푼(15ml)를 넣고 섞어준다. 파스타에 소금과 후추를 넣어 간을 하고 2개의 그릇에 나누어 담는다. 담은 파스타 위에 아몬드와 바삭하게 된 마늘을 뿌리고 물에 푼 염소 치즈를 한 숟가락 떨어뜨린다. 바로 상에 낸다.

2인분

Almond-Jam Tart
(Linzer Torte)

아몬드 타르트

(린저 토르트)

릴리가 만드는 아몬드 타르트는 엄마 메리 에투 올드가 1977년 잡지 〈선셋Sunset〉에서 본 레시피를 응용한 것이다.

실온에 둔 무염 버터
9테이블스푼(126g)

중력분 1¾컵(250g)

아몬드 가루 1¾컵(200g)

베이킹 파우더 ½티스푼

소금 ½티스푼

설탕 ⅔컵(130g)

실온에 둔 큰 계란 1개

바닐라 추출액 ½티스푼

아몬드 추출액 ¼티스푼

질 좋은 산딸기 잼(340g)

아몬드(슬라이스한 것)

슈가 파우더

우박 설탕

*우박 설탕은 북유럽 디저트에 주로 사용하는 불투명한 흰 알갱이 형태의 설탕이다.

오븐 중간에 선반을 놓고 170도로 예열한다. 밑판을 분리할 수 있는 23cm 타르트 판에 버터 1테이블스푼(14g)을 바른다.

중간 크기 그릇에 밀가루, 아몬드 가루, 베이킹 파우더, 그리고 소금을 넣고 섞는다. 스탠드 믹서를 중간 빠르기에 맞추고 남은 버터 8테이블스푼과 설탕을 넣어 공기가 들어가 보송보송한 느낌이 들 때까지 3분 정도 돌린다. 섞는 과정에서 믹서 용기 옆에 묻은 혼합물을 고무 주걱으로 긁어 가운데로 모아준 다음 계란을 넣고 완전히 섞일 때까지 돌린다. 바닐라와 아몬드 추출액을 넣고 다시 잘 섞는다.

반죽의 3분의 2가량을 타르트 판에 넣고 잘 편 다음, 반죽 위에 잼을 골고루 바른다. 남은 반죽을 길이가 23cm 정도 되는 원통형으로 굴린 후 0.6cm 두께로 썬다. 반죽끼리 조금씩 겹치도록 판의 가장자리부터 중심 방향으로 놓는다. 그 위에 아몬드 슬라이스와 우박 설탕을 뿌린다. 잼이 부글부글 끓고 반죽이 노릇해질 때까지 35분에서 40분가량 굽는다.

다 구워지면 오븐에서 타르트를 꺼내 1시간가량 식힌다. 타르트를 판에서 분리해 접시 위에 놓은 후 슈가 파우더를 뿌려 상에 낸다.

사진 74쪽, 75쪽 · 10인분

샘과 애쉴리 오웬스

{ MUSICIAN / ARTIST AND FASHION DESIGNER }

샘과 애쉴리 오웬스를 얌전하다고만 생각하면 오산이다. 그들은 느긋하게 있다가도 가끔씩 폭발하듯 흥분하곤 한다. 두 사람 모두 이야기꾼으로, 어린 시절에 먹었던 음식과 가족의 전통과 관련한 기억들을 자주 얘기해주었다. 파이를 엄청 많이 만들던 기억, 특별 한정판 가족 요리책을 만들던 기억, 가족 퍼레이드 등…… 그들의 경험은 다양하고도 소중했다. 둘 다 이야기를 잘 하는 능력이 필요한 직업—샘은 음악가이자 혼합매체 미술가이고 애쉴리는 패션 디자이너—을 갖고 있다는 것은 잘된 일이다.

> "사람은 자기가 만나고 경험하는 모든 것에 의해 형성되죠.
> 우리는 그것들이 우리 안에서 의미를 갖고
> 말이 되어 나오게 하고 싶어요.
> 그 모든 날것의 경험과 자극으로 뭘 할지는 우리의 선택이지요.
> 저는 예술과 음악을 통해 경험을 내 것으로 만들고,
> 다른 사람들은 밭을 갈거나 건물을 짓지요…….
> 어쩌면 저도 밭을 가는 게 좋을지도 모르겠어요." —샘 오웬스

가족이 남긴 기억은 그들의 창작 속에 스며 있다. 애쉴리는 그녀가 자란 80년대의 패션, 즉 파워 정장 시대의 영향을 받아 고전적인 느낌의 여성 정장들을 디자인한다. 그녀는 질 좋은 캐시미어와 강한 선을 많이 쓰는데, 그녀의 정장들은 의복일 뿐 아니라 상속받은 가보 같은 것이다.

샘과 애쉴리 모두 태평양 연안 북서부 출신으로, 조용한 풍경과 초록의 평원, 가끔 곰이 나타나는, 하이킹을 갈 수 있는 산이 있는 곳에서 자랐다. 이런 성장 배경에 걸맞게 그들은 자기들만의 편하고 느긋한 음식 문화를 만들어간다. 그래서 그들의 브루클린 집은 3천 마일 서쪽에 있는 고향집이나 다름없다.

카프레제 샐러드를 곁들인

매콤한 닭 가슴살 구이

Spicy Basil Lemon Chicken with Caprese Salad on Crostini

카프레제 샐러드와 크로스티니 재료:

바게트 ½개를 12~16조각으로 자른다

엑스트라 버진 올리브오일 3테이블스푼(45ml)

신선한 모차렐라 치즈(455g)를 12~16조각으로 자른다

신선한 바질 잎 1½컵(45g)

크고 잘 익은 토마토 2개를 12~16조각으로 자른다

소금과 통후추 간 것

닭 가슴살 구이 재료:

올리브오일 5테이블스푼(75ml)

마늘 3쪽을 저민다

뼈와 껍질 제거한 닭 가슴살 4조각(680g)

소금과 통후추 간 것

속을 빼내고 다진 할라피뇨 고추 1개

레몬 2개를 끝을 잘라내고 동그랗게 8조각으로 썬다.

다진 신선한 바질 1컵

샘과 애쉴리: 일요일에는 주로 늑장을 피우며 자질구레한 일들을 하고 바쁜 주중에 하지 못했던 것을 정리하는 데 시간을 보내요. 다 정리하고 나면, 색이 예쁘고 맛이 신선하고 하기 쉬운 요리를 하고 싶은 순간이 찾아옵니다.

카프레제와 크로스티니 만들기:

오븐 중간에 오븐망을 놓고 218도로 예열한다.

베이킹 판에 바게트 자른 것을 겹치지 않게 한 겹으로 늘어놓는다. 빵 위에 올리브오일을 뿌린 후 약 8분 정도 빵이 노릇하고 바삭해질 때까지 굽는다. 구워진 빵은 식힘망에 올려 5분 동안 식힌다.

빵 위에 각각 모차렐라, 바질, 토마토를 얹은 후 소금과 후추로 간한다.

닭 가슴살 구이 만들기:

중-약불에 작은 프라이팬을 올리고 올리브오일 ¼컵을 붓는다. 기름이 보글거리기 시작하면 마늘을 넣고 가끔씩 저어주면서 2분 동안 마늘 향이 날 때까지 익힌 다음 불을 끈다.

닭 가슴살을 소금과 후추로 간한 후 기름을 잘 바른 커다란 프라이팬에 놓는다. 여기에 마늘을 넣어 볶은 오일에 할라피뇨를 더한 후 닭고기를 넣고 뒤집어가며 양념이 배게 한다. 닭고기 위에 레몬 썬 것을 덮고 남은 올리브오일 1테이블스푼을 뿌린다.

오븐 위쪽에 선반을 놓고 그릴을 켠다. 조리용 온도계가 70도가 될 때까지 15분 동안 닭고기를 굽는다. 다 구운 닭은 식힘망으로 옮겨 5분 동안 식힌다. 다진 바질을 뿌리고, 샐러드를 얹은 크로스티니와 함께 낸다.

4인분

BROOKLYN, NEW YORK, USA

"내가 자랄 때는 언제나 음악이 있었어요. 언제나. 주말이면 부엌에서 요리하면서 울리는 음악 소리에 잠을 깼지요.
우리가 부스스한 머리로 눈을 비비며 잠에서 깰 동안 부엌에선 뭔가 아름다운 일이 일어나고 있었던 거예요.
음악은 하루 종일 계속되었어요. 친구 하나가 제일 웃긴 일을 기억한다며 해준 말이 있어요.
'너희 집에 저녁 먹으러 갔을 때 말이야. 너희 아빠가 제임스 브라운을 요란하게 틀어놓고 요리를 하고 계셨어.
저녁을 먹으려고 모두들 자리에 앉아 손을 잡고 기도하는데 나는 계속 생각했어.
〈누가 음악 소리를 줄일 거지?〉라고 말이야. 그때 너희 아빠가 갑자기 음악보다 큰 소리로,
〈주여……〉 하고 소리를 지르시는 거야. 아무도 음악 소리를 줄여야 한다고 생각하지 않았던 거지.'"
—샘 오웬스

"우리는 둘 다 엄청 애플파이를 먹으며 자랐어요.
생일날에도 샘은 케이크 대신 파이를 먹자고 해요.
저희 할머니는 무슨 날이면 언제나 애플파이 한두 개는 해놓으셨어요.
사는 게 바빠지면서 옛날에 먹던 파이 대신
애플 크리스프를 해 먹기 시작했어요.
토핑을 잘 하면 바삭한 옛날 크러스트와 비슷한데 요리 시간은 절반이에요.
옛날에 가족들이 다 함께 모여 음식을 먹던 생각이 날 때면 크리스프를 해 먹어요."
—애쉴리 오웬스

애플 크리스프

토핑 재료:
무표백 중력분 1컵(140g)
백설탕 ⅔컵(130g)
흑설탕 ⅓컵(75g)
오트밀 ½컵(50g)
올스파이스 가루 ¾티스푼
무염 버터 5테이블스푼(70g)을 녹인 후 식힌다

사과 속 재료:
무염 버터 3테이블스푼(44g)
사과 8개(1.4kg)를 껍질 벗겨 속을 파내고 1.3cm 두께로 썬다.
즙을 짤 레몬 2개
백설탕 ¼컵(50g)
무표백 중력분 1테이블스푼(9g)
시나몬 가루 ⅛티스푼
굵은 천일염

Apple Crisp

토핑 만들기:
중간 크기 그릇에 밀가루, 설탕, 오트밀, 올스파이스를 넣고 잘 섞는다. 버터를 넣고 손가락으로 비벼 굵은 빵가루처럼 되도록 섞어준 다음 잠시 그대로 둔다.

사과 속과 크리스프 만들기:
오븐 중간에 오븐망을 놓고 190도로 예열한다.

사방 20cm 정사각형 오븐 그릇에 버터 2테이블스푼을 펴 바른다.

커다란 그릇에 사과 자른 것과 레몬즙을 넣고 섞어둔다. 다른 작은 그릇에 설탕, 밀가루, 시나몬 가루, 소금 ½티스푼을 넣어 섞은 후, 사과를 넣은 큰 그릇에 붓고 잘 섞어준다.

버터를 발라둔 오븐 그릇에 사과를 넣은 후 준비한 토핑을 뿌린다. 그 위에 소금을 조금 뿌린다. 크리스프 위에 유산지를 덮고 그 위에 다시 알루미늄 호일을 한 장 덮는다. 약 25분 동안 사과에서 즙이 나올 때까지 오븐에 굽는다. 남은 버터 1테이블스푼(14g)을 작게 깍둑썰기한다. 유산지와 호일을 벗기고 크리스프 위에 버터를 뿌려 살짝 섞어준다. 30분에서 35분 정도 크리스프가 노릇해질 때까지 더 굽는다.

오븐에서 꺼낸 후 식힘망 위에 놓고 15분 동안 식힌다. 따뜻할 때, 기호에 따라 아이스크림과 함께 낸다.

6인분

크리스타 프리맨과 제스 에디

{ ICE CREAM MAKERS }

크리스타 프리맨과 제스 에디는 각각 사업상의 이름인 핀과 피브스Phin & Phebes로 더 잘 알려져 있다. 2010년 그들은 자신들이 아이스크림에 푹 빠져 있는 것을 발견했고, 바로 그곳이 자신을 가장 잘 찾을 수 있는 장소라는 것도 알게 되었다. 이들은 추운 겨울날 재미있게 보내기 위해 부엌에서 아이스크림을 만들기 시작했다. 취미는 곧바로 단순한 계절나기 이상이 되었다. 얼마 지나지 않아 뉴욕 시에 있는 마켓과 상점들에 아이스크림을 팔기 시작했다. 다니던 직장을 그만두었고, 사업 계획을 세웠고, 재료 구입처를 정했다. 핀앤피브스는 두 다리로 서서 달리기 시작한 것이다.

엄격한 기준으로 최고의 재료만 쓰고, 지역 산물을 사용하고, 새로우면서도 조화로운 맛을 추구하는 이 갓 태어난 아이스크림 브랜드는 뉴욕에 달콤한 폭풍을 몰고 왔다. 그들은 한 가지 확고한 생각으로 이 브랜드를 만들었다. 좋은 아이스크림은 좋은 우유에서 온다는 것. 그래서 그들은 뉴욕 주에 있는 한 농협에서 우유를 가져다 쓰는데, 이 우유는 상을 여럿 수상한 최상급 우유다. 그들은 이런 고급 우유를 사용해 자연스럽고 신선한 맛을 낸다. 그들이 만든 맛의 종류에는 베트남 커피 맛, 바닐라 시나몬 맛, 코코넛 라임 맛 등이 있다. 아이스크림에 들어갈 맛의 조합 연구를 위해서라면 크리스타와 제스는 무엇이든 할 용의가 있다. 심지어 파이 한 판을 통째로 믹서에 넣고 돌려보기도 했다.

토요일이면 디저트 세상에서 잠시 벗어나 크리스타와 제스는 집에서 조용하고 느긋하고 평화로운 아침을 보내기도 한다. 스크램블 에그를 만들며 한가롭게 아침이 흘러가는 것을 보곤 한다. 주중에는 하루가 훨씬 빠르게 흘러간다. 여름이면 짬을 내 바비큐를 하기도 하지만, 보통 저녁 식사는 신선하고 맛있고 빨리 만드는 음식들이다. 이 두 여성들의 어깨 위에는 아이스크림 사업이 얹혀 있고, 고급 요리를 하기 위해 이것저것 할 시간이 없다. 화려한 요리 대신 친구들과 간단한 식사를 즐기고 빈티지 유리잔에 칵테일을 만들어 마신다. 우리도 그게 좋다. 그들은 맛있는 아이스크림을 내오고 우리는 그들과 함께 있는 매순간을 즐긴다.

크림치즈 프로스팅을 덮은

허밍버드 케이크

케이크 재료:

실온에 둔 무염 버터
2테이블스푼(28g)

중력분 3¼컵(460g)

바나나 3개

설탕 2컵(400g)

베이킹 소다 1티스푼(3g)

시나몬 가루 1티스푼(3g)

소금 1티스푼(6g)

풀어서 실온에 둔 큰 계란 3개

식용유 1½컵(360ml)

으깬 통조림 파인애플(227g)

바닐라 추출액 1½티스푼(7.5ml)

다진 피칸 2¼컵(255g)

Hummingbird Cake with Cream Cheese Frosting

제스: 케이크 하면 떠오르는 것이 이 케이크예요. 우리 할머닌 빵을 잘 구우셨는데, 우리 엄만 이걸 가장 좋아하셨지요. 엄마는 친한 친구 생일날 이 케이크를 만드세요.

케이크 준비하기:

오븐 위쪽과 아래쪽에 선반을 놓고 177도로 예열한다. 23cm 크기의 원형 케이크 팬 3개에 버터를 바르고 그 위에 밀가루 ¼컵(35g)을 뿌려 준비한다. 밀가루가 너무 많으면 틀을 탁탁 쳐서 떨어낸다.

바나나를 잘게 썰어 2컵(340g)을 만들고 남은 바나나는 다음에 사용할 수 있도록 보관한다. 커다란 그릇에 남은 밀가루 3컵, 설탕, 베이킹 소다, 시나몬 가루, 소금을 넣어 섞는다. 계란과 식용유를 넣고 마른 재료가 전부 촉촉하게 섞이도록 저어준다. 파인애플, 바닐라, 준비한 피칸의 절반을 넣고 섞는다.

준비한 케이크 팬에 반죽을 고르게 나누어 담는다. 팬 2개는 위쪽 선반에, 남은 한 팬은 아래쪽 선반에 넣는다. 15분 정도 구운 다음 오븐을 열어 골고루 익도록 중간 중간 케이크 팬을 돌려가며 총 25분에서 30분 동안 굽는다. 꼬챙이로 케이크 가운데를 찔러봐서 아무것도 묻지 않으면 익은 것이다. 케이크 팬을 식힘망으로 옮겨 10분간 식힌 후, 케이크를 케이크 팬에서 꺼내 1시간 동안 완전히 식힌다.

프로스팅 재료:

실온에 두어 부드럽게 만든 크림치즈 2통(각 454g)

상온에 둔 무염 버터 2개(230g)

슈가 파우더(900g)

바닐라 추출액 1티스푼(5ml)

프로스팅과 케이크 만들기:

케이크가 식을 동안 크림치즈와 버터를 스탠드 믹서에 넣고 내용물에 공기가 들어가 가벼워질 때까지 중간 속도로 3분 정도 돌린다. 믹서의 빠르기를 약하게 낮추고 슈가 파우더와 바닐라를 넣어준 다음 3분 정도 더 돌린다.

케이크를 쌓기 전 케이크 층 사이사이마다 프로스팅을 바르고 피칸을 뿌린다. 케이크를 다 쌓은 후에는 케이크 위와 옆에도 프로스팅을 골고루 바르고 케이크 위에 남은 피칸을 흩뿌려 장식해 상에 낸다.

사진 88쪽 · 10~12인분

세이어 리처즈

{ BLOGGER }

음식에 대한 글을 쓰는 사람들은 주로 음식의 맛과 모양, 느낌을 서술한다. 전에 향수를 개발하는 일을 하던 세이어 리처즈는 새로운 관점에서, 즉 정교하게 발달한 후각의 힘을 빌어 음식의 향과 그 향이 주는 느낌에 대해 쓴다. 음식의 향은 위안을 주기도, 향수를 불러일으키기도 한다.

세이어는 온갖 문화와 사람들이 다양하게 섞이는 브루클린에서 보금자리를 찾았다. 브루클린에 산다는 것은 끝없이 새로운 일들을 경험하고, 새로운 음식을 맛보고, 새로운 사람들을 만나게 된다는 것을 의미한다. 세이어는 여러 잡지에, 그리고 그녀의 블로그 '크레이븐 메이븐Craven Maven'에 글을 쓰

> "사람들을 집에 초대하는 것은 내 인생 속으로 초대하는 것과 마찬가지예요. 마음을 열어 그들이 가진 놀라운 면들에 영감을 받을 준비를 하는 거지요. 우리 집에 온 사람들에게 전 항상 무언가를 대접해요. 차, 커피, 케이크, 저녁 식사, 또는 무엇이라도! 이런 초대는 그저 즐기고 만족하는 것이 아니라 인생의 일부가 돼요. 그들은 나에게 좋은 일을 하도록 자극하고, 나 또한 그들에게 같은 일을 하게 되지요."

는데, 그녀의 독특한 글 속에는 자신이 사는 동네와 맛있는 커피에 대한 애정이 드러난다.

세이어는 글이라는 창을 통해 그녀의 경험을 엿보게 하기보다는 그녀의 세상으로 독자들을 초대한다. 이렇게 글이 열려 있는 것은 그녀가 손님 접대를 단순한 제스처를 넘어 삶의 일부로 받아들이기 때문이다. 그녀는 이 생각에 확신을 가진다. 훌륭한 친구 관계는 언제나 함께 먹고 마시는 데서 시작되기 때문이다. 그래서 그녀가 손님들에게 차나 케이크나 저녁 식사를 대접하는 것은 그저 먹을 것을 대접하는 것이 아니라 그녀의 삶의 일부가 되도록 초대하는 것이다. 그녀의 집에 가면, 우리가 지금껏 이 집에 온 손님 중 최고의 손님이 된 것 같은 기분이 든다.

Sweet Potato Quinoa Burgers

고구마 퀴노아 버거

껍질을 깨끗이 씻은 고구마 455g
퀴노아 ½컵(100g)
올리브오일 ¼컵(60ml)
소금
물 1컵(240ml)
병아리콩가루 1컵(115g)과 나중에 뿌릴 여분 조금

세이어: 버거에 들어갈 패티는 하루 전날 준비해놓는 것이 좋아요. 가장 좋아하는 버거 빵과 함께 가장 좋아하는 재료들을 속에 넣어 내세요. 나는 얇은 통밀 베이글을 좋아해요. 버거 속에 아루굴라나 여러 가지 야채, 물냉이, 아보카도, 집에서 만든 케첩, 마요네즈 조금을 넣곤 해요. 패티를 2개 넣을 경우에는 그 사이에 치즈를 녹여 넣고요.

오븐 중간에 오븐망을 놓고 177도로 예열한다.

베이킹 판 위에 고구마를 놓고 약 45분 정도 고구마가 익을 때까지 굽는다. 판을 꺼내 고구마를 식힘망 위에 놓고 10분간 식힌다.

고구마를 굽는 동안 퀴노아를 고운체에 받쳐 맑은 물이 나올 때까지 흐르는 물에 씻는다. 중간 크기 냄비에 올리브오일 1테이블스푼을 두르고 강-중불에서 기름이 보글거릴 때까지 데운다. 퀴노아와 소금 ½티스푼을 넣고 약 5분 동안 퀴노아에 물이 마르고 노릇해질 때까지 볶는다. 거기에 물을 붓고 끓인다. 끓기 시작하면 불을 중불로 줄이고 약 10분 동안 물이 거의 흡수될 때까지 끓인다. 불을 다시 약불로 줄이고 뚜껑을 덮고 15분간 물이 완전히 흡수될 때까지 퀴노아를 익힌다. 다 되면 퀴노아를 뒤적거린 후 샐러드 그릇에 옮겨 담아 완전히 식힌다.

고구마의 껍질을 깐 다음 중간 크기 그릇에 담고 으깬다. 여기에 퀴노아를 더하고, 병아리콩 가루를 ¼컵씩 나누어 넣어주며 잘 섞는다. 반죽은 되직하면서 부드러워야 한다. 그릇에 랩을 씌워 냉장고에서 하룻밤 재운다.

통후추 간 것
셀러리 씨 가루 1티스푼(3g)
고수 씨 가루 1티스푼(3g)
참깨 1티스푼(3g)
신선한 고수 다진 것 1티스푼(0.63g)
신선한 바질 다진 것 1티스푼(0.63g)
껍질콩 115g
잘게 다진 어린 청경채 2개(280g)
잘게 다진 작은 샬롯 2개
으깬 마늘 1쪽
햄버거 빵 또는 베이글 8개

다음 날, 후추 1티스푼, 셀러리 씨, 고수 가루, 깨, 고수, 바질을 섞어 잠시 옆에 치워둔다.

중간 크기 냄비에 물을 붓고 끓인다. 껍질콩을 넣고 30초에서 60초 동안 초록색이 선명해질 정도로 데친 다음 건져내어 흐르는 찬물에 씻는다. 껍질콩을 잘게 잘라둔다. 커다란 프라이팬에 올리브오일 1테이블스푼을 두르고 중불에 올려 데운다. 기름이 보글거리기 시작하면 청경채, 샬롯, 마늘을 넣고 저어주며 샬롯이 연하고 반투명해질 때까지 5분 정도 볶는다. 껍질콩을 넣고 소금과 후추로 간을 한 후 볶은 것을 고구마 반죽에 더한다.

버거 반죽을 1테이블스푼씩 떠서 지름 7.6cm 크기의 패티로 빚는다. 접시 위에 병아리콩 가루를 담고 패티에 가루를 묻힌다. 가루가 두껍게 묻은 부분은 떨어낸다.

커다란 프라이팬을 중불에 올리고, 남은 올리브오일 2테이블스푼(30ml)을 두르고 연기가 날 때까지 데운다. 버거 패티를 한 면에 3분씩 갈색이 날 때까지 익힌다. 접시에 햄버거 빵 하나당 패티 2개씩 담는다. 원하는 양념과 함께 낸다.

note: 패티에 병아리콩 가루 대신 깨를 묻혀도 된다.

사진 94~95쪽 · 8인분

케리 모리스

{ OWNER, MORRIS KITCHEN }

케리 모리스는 맛있고, 보기 좋고, 유용하면서도 실용적인 무언가를 만들고 싶었다. 그녀는 그 해답을 시럽에서 찾았다. 능력 있고 열정적인 요리사인 친오빠 타일러와 함께 시럽을 만들게 되었고, 그렇게 만든 생강 시럽이 지금 '모리스 키친Morris Kitchen'의 시작이 되었다. 모리스 키친의 시럽은 향수를 불러일으키는 옛날 약병을 연상시키는 병에 담겨 있고 병에는 정성스레 디자인된, 엠보싱 처리된 상표가 붙어 있다.

그동안 브랜드는 성장을 거듭해서, 지금은 향료를 넣은 애플 시럽, 루바브 시럽, 그리고 절인 레몬 시럽도 만든다. 이 가족 사업은 계속 성장하고 있고, 현재 뉴욕 시의 다양한 상점들과 온라인에서 활발하게 판매되고 있다. 전 세계의 소비자들이 모리스 키친의 달콤한 시럽을 맛보고 시럽을 넣은 창조적인 레시피들을 개발해내고 있다. 시럽은 어떤 음식에나 사용이 가능하지만

> "가장 특별한 요리는 어쩌면 가장 간단한 기술에서 나와요.
> 예를 들면 써는 법만 다르게 해도 다른 요리가 되지요.
> 언제 다지고, 채 썰고, 깍둑썰기하고, 굵게 토막 내듯 썰어야 할지
> 아는 것은 아주 중요해요."

케리는 칵테일을 만들 때 얼마나 빛을 발하는지 보여주었다. 그녀는 럼에 생강 시럽을 넣어 뽀얗게 거품이 나게 흔들고 그 위에 천일염을 살짝 뿌려 칵테일을 만들어주었는데 맛만큼이나 모양도 아름다웠다.

예전에 케리는 교사였다. 아이와 어른 모두에게 건강한 식생활과 지역 산물 먹기를 권장하는 프로그램에 참여했다. 좋은 식재료―그녀에겐 지역 농축산물을 의미한다―를 향한 케리의 열정은 모리스 키친을 하기 전부터 그녀가 하는 일의 중심이었던 것이다. 미대를 나왔기 때문에 무엇을 만들고, 실수하고, 실수에서 뭔가를 배워 다시 시작하는 전 과정을, 또 그런 과정을 겪어야만 훌륭한 결과물을 낼 수 있다는 것도 이해하고 있었다. 가르치는 일도, 요리를 하는 것도 그 자체로 완벽할 수 없고, 조심스럽게 소통하고, 실험 정신과 용기를 갖고 노력하는 자세가 필요하다. 케리는 이 모든 것을 토대로 좋은 음식은 함께 먹어야 한다는 그녀의 신조를 전파하고 있다. 물론 달콤하고 향기로운 시럽을 뿌려서.

Sea Legs

시 레그스

럼 ¼컵(60ml)
모리스 키친 생강 시럽 2테이블스푼(30ml)
갓 짠 라임즙 2테이블스푼(30ml)
큰 계란 흰자
잘게 부순 얼음
얼음 큐브 1개
굵은 천일염

케리: 친구들 몇 명과 함께 만들어 마시기에 좋은 칵테일이에요.

럼, 시럽, 라임즙, 계란 흰자, 잘게 부순 얼음 조각을 셰이커에 넣고 거품이 나고 차가워질 때까지 흔들어준다. 하이볼 글라스에 얼음 큐브를 하나 넣고 칵테일을 거르면서 따른다. 굵은 천일염으로 장식해서 바로 낸다.

Simple Market Vegetable Salad

마켓 야채 샐러드

드레싱 재료:

사과 식초 2테이블스푼(30ml)
모리스 키친 생강 시럽 1테이블스푼(15ml)
머스터드 1테이블스푼(15g)
즙을 낼 레몬 1개
올리브오일 2테이블스푼(30ml)
천일염과 통후추 간 것

샐러드 재료:

올리브오일 2티스푼(10ml)
호두 ½컵(15g)
천일염과 통후추 간 것
즙을 낼 레몬 ½개
자몽 1개
펜넬(회향) 구근 1개
라디키오 1개
씻은 후 다듬은 빨간 비트나 노란 비트 1개
다진 이탈리안 파슬리 ½컵(15g)
페코리노 치즈

드레싱 만들기:

작은 그릇에 식초, 시럽, 머스터드, 레몬즙을 넣고 거품기로 저어준다. 올리브오일을 천천히 넣으면서 재료가 유화되도록(분리되지 않고 묽은 마요네즈처럼) 거품기로 젓는다. 소금과 후추로 간을 한 다음, 샐러드를 버무리기 전까지 냉장 보관한다. 사용하기 전에 다시 한 번 거품기로 저어준다.

샐러드 만들기:

작은 프라이팬에 올리브오일을 두르고 강-중불에 올려 데운다. 기름이 보글거리면 호두를 넣고 저으면서 향이 나고 노릇해질 때까지 5분 동안 굽는다.

중간 크기 그릇에 얼음과 물을 같은 분량으로 넣는다. 레몬즙을 넣어 저은 후 잠깐 놓아둔다.

자몽의 위아래를 잘라 분홍색 속이 보이도록 준비한다. 도마 위에 자몽을 올려놓고 껍질과 속껍질을 함께 위에서 아래로 모양대로 잘라낸다. 남아 있는 속껍질을 다 벗겨낸다. 작은 그릇에 자몽을 담아 한 손에 들고 바깥쪽에서 안쪽을 향해 결대로 자몽을 잘라 알맹이만 남도록 한다. 알맹이만 발라내는 것이 어려우면 껍질을 벗긴 자몽을 0.6cm 두께로 둥글게 자른 다음 그 조각들을 다시 반으로 나눈다. 잠시 놓아둔다.

펜넬 구근의 윗줄기를 잘라내고, 구근을 반으로 잘라 안의 단단한 심은 버리고 채칼로 최대한 얇게 저민다. (note 참조) 저민 펜넬을 아까 준비한 레몬즙 넣은 얼음물에 넣는다. 라디키오도 채칼로 얇게 저민 후 샐러드 그릇에 담아 냉장고에 보관한다. 비트도 채칼로 최대한 얇게 저민 후 드레싱을 담은 그릇에 넣는다. 펜넬을 얼음물에서 건져내어 페이퍼타월로 물기를 닦아낸 후 샐러드 그릇에 더한다. 거기에 자몽(흐른 즙이 있다면 같이)과 이탈리안 파슬리를 함께 넣는다.

소금과 후추로 간한 후에 그릇 4개에 나누어 담는다. 샐러드 위에 비트, 호두, 아주 얇게 저민 페코리노 치즈를 넣는다. 바로 상에 낸다.

note: 채칼(만돌린이나 슬라이서)은 이 레시피에서처럼 야채를 종이처럼 얇게 썰기에 가장 효과적인 기구다. 채칼이 없으면 아주 잘 드는 전문가용 칼을 사용한다.
페코리노 치즈를 저밀 때는 만돌린 같은 감자 깎는 도구를 사용하면 편리하다.

4인분

BROOKLYN, NEW YORK, USA

레이첼과
애덤 패트릭 존스

{ WRITER AND EDITOR / PRODUCER }

창작을 하는 사람들의 특징은 작업이 끝없다는 것이다. 밤에 자다가도 일어나 앉아 일을 하고, 낮에는 일에 묶여 지낸다. 레이첼과 애덤 패트릭 존스도 예외는 아니다. 그들은 낮이면 까다롭고 창조적이어야 하는 작업 환경에서 일을 하고—레이첼은 광고회사에서, 프리랜서인 애덤은 에디터 겸 프로듀서로—저녁이 되면 브루클린의 집으로 돌아와 창조력이라는 괴물을 재충전할 준비를 한다. 그들은 '인더스트리 오브 원Industry of One'이라는 웹사이트를 움직이는 조용한 영감의 원천이자 운영자인데, 웹사이트는 블로그처럼 운영되지만, 잡지 같기도 하고 아카이브로도 활용된다. 이 웹사이트의 목적은 열심히 일하면서 자신의 스타일(의복과 그 외에서)을 가지고 살아가는 사람들을 기록하는 것이다. 포스트마다 사진을 통해 독특한 개성들을 발견

"내가 자랄 때 우리 가족은 모두 6명이었는데 언제나 함께 식사를 하는 게 당연시되었어요. 수업이나 운동 경기가 있을 때만 예외였죠. 그러니까 나는 13,000시간을 부모님과 형제들과 식탁에 앉아 대화를 하며 보냈다는 얘기죠. 일요일에는 로스트 비프를 언쟁하며 먹었고, 야채 볶음은 정치 토론과 섞어서 먹었고, 디저트는 눈물과 함께 끝나기도 했어요. 하지만 나는 다시 산다고 해도 하나도 바꾸고 싶지 않아요." —레이첼 존스

할 수 있는데, 함께 실린 배경과 인터뷰를 통해서 피사체들에 대해 더 잘 알 수 있다. 웹사이트에 방문한 사람들은 자신의 스타일에 이용할 수 있는 어떤 영감을 얻어서 나갈 수 있다.

레이첼과 애덤은 매일매일 열심히 일하며 살아가는 젊은 세대의 삶을 기록한다. 이들이 어떤 일에 종사하든 '비스니스 캐주얼'이라는 위험한 익명성에 개성을 희생하지 않아도 된다는 것을 보여주길 원한다. 실제로 조심스럽게 개성적인 이미지를 만들어가는 것이 어떤 분야에서 일을 하든 도움이 될 수 있다는 것을 보여준다. 그리고 이 두 사람은 실제로 그 생각대로 살아간다. 지칠 줄 모르고 일을 하지만 일상 속에서 즐거움을 찾는다. 그들은 브라운스톤 계단에서 아메리카노와 소이 라테를 마시고 일요일 저녁이면 로스트 비프를 먹으며 오래오래 식사를 한다. 레이첼과 애덤은 자신들의 개성과 하는 일에 어울리는 스타일을 찾았고, 우리 모두에게도 그 방법을 보여주고 있다.

Tortilla Española

스페인 오믈렛 토르티야

올리브오일 2¼컵(540ml)
다진 노란 양파 1개
소금
큰 감자 2개는 채칼로 얇게 저민다
큰 계란 3개

커다란 프라이팬에 올리브오일 2테이블스푼을 두르고 강-중불에 올린다. 기름이 보글거리기 시작하면 양파와 소금을 넣고 약 5분 동안 양파가 연하고 반투명해질 때까지 볶는다. 양파를 그릇에 담아둔다.

올리브오일 2컵(480ml)을 중불에 올린다. 기름이 보글거리면 감자를 넣고 감자가 노릇해지면서 익을 때까지 15분에서 20분 동안 볶는다. 다 되면 불을 끈다.

커다란 그릇에 계란과 소금 1½티스푼(9g)을 넣어 저은 후 볶은 양파를 더한다. 그 위에 감자를 한 숟갈씩 넣는데, 볶은 기름도 함께 넣으면서 저어준다.

프라이팬에 남은 감자 부스러기를 다 넣어준다. 프라이팬에 2테이블스푼 정도의 올리브오일만 남기고 다시 중불에 데운다. 기름이 데워지면 계란과 감자 섞은 것을 프라이팬에 넣는다. 휘젓지 말고 그대로 6분 정도 토르티야 바닥이 구워질 때까지 둔다. 토르티야 밑으로 포크를 넣어 살짝 들어보아 다 되었는지 체크한다. 바닥이 노릇하고 프라이팬에서 쉽게 떼어져야 한다.

프라이팬을 불에서 내린다. 뒤집개로 토르티야를 큰 접시에 옮겨 담는다. 접시가 토르티야보다 커야 한다. 프라이팬에 남아 있는 기름을 따라 버린다. 행주를 사용하거나 오븐 장갑을 끼고 프라이팬을 접시 위에 겹쳐 접시와 프라이팬을 조개처럼 포갠다. 그리고 그 전체를 뒤집어서 토르티야가 프라이팬 위에 뒤집어 놓일 수 있도록 한다. 뒤집은 토르티야를 3~4분 동안 중불에 완전히 익힌다.

다 익힌 토르티야는 10분에서 15분 정도 프라이팬 위에서 식힌다. 웨지 모양으로 잘라서 따뜻할 때 또는 실온 정도로 미지근할 때 낸다. 토르티야는 만든 날 가장 맛있다.

note: 채칼(만돌린)은 이 레시피에서처럼 감자를 종이처럼 얇게 썰기에 가장 효과적인 기구다. 채칼이 없으면 아주 잘 드는 전문가용 칼을 사용한다.

사진 106쪽 · 4~6인분

Chocolate Chip Zucchini Cake

초콜릿 칩 애호박 케이크

논스틱 베이킹 스프레이
중력분 2½컵(355g)
코코아 가루 ¼컵(마시는 코코아가 아닌 아무것도 첨가되지 않은 것)
베이킹 소다 1티스푼(3g)
베이킹 파우더 ½티스푼
시나몬 가루 ½티스푼
클로브(정향) 가루 ½티스푼
실온에 두어 부드럽게 한 마가린 ½컵(115g)
식용유 ½컵(120ml)
설탕 1¾컵(347g)
실온에 놓아둔 큰 계란 2개
사워 밀크 또는 버터밀크 ½컵(120ml)
바닐라 추출액 1티스푼(5ml)
다진 애호박 약 2컵(340g)
달지 않은 초콜릿 칩 ½컵(170g)

*버터밀크는 우유 1컵에 식초 1티스푼을 넣어 잠시 두었다가 사용하면 된다. 논스틱 베이킹 스프레이가 없으면 버터를 바르고 밀가루를 골고루 뿌리는 것으로 대체한다.

레이첼: 손님들에게 이 케이크의 이름을 말할 때마다 좀 망설이긴 해요. 어렸을 때는 다들 애호박 같은 것을 좋아하지 않고, 게다가 디저트로 애호박을 먹는다고 하면 그때의 감정이 폭발할지도 모르거든요. "애호박이라고? 나 저녁을 많이 먹어서 너무 배불러!" 하지만 우리 가족의 이 전용 레시피의 경우엔 얘기가 좀 달라져요. 애호박이 들어가서 자칫하면 평범할 뻔했던 초콜릿 케이크가 완전히 특별하고 맛있는 케이크가 되거든요. 심지어 초콜릿보다 맛있으니까요. 이건 거의 들어본 적이 없는 얘기지요. 이 레시피가 어떻게 우리 집 단골 레시피가 되었는지는 모르겠지만 사람들이 이 레시피를 잘 모른다는 사실에 항상 놀라게 돼요. 그만큼 맛있어요. 게다가 굉장히 쉽다는 거, 말해도 될까요?

오븐 중간에 오븐망을 놓고 162도로 예열한다. 33×23cm 크기의 베이킹 팬에 논스틱 베이킹 스프레이를 충분히 뿌린다.

중간 크기 그릇에 밀가루, 코코아, 베이킹 소다, 베이킹 파우더, 시나몬, 클로브를 넣고 섞어둔다.

스탠드 믹서에 마가린, 기름, 설탕을 넣고 중간 빠르기에 놓고 3분 정도 돌린다. 계란을 하나씩 차례로 넣으면서 충분히 섞어준 다음, 사워 밀크와 바닐라를 넣고 잠깐 돌려준다. 믹서의 빠르기를 약간 낮추고 밀가루 혼합물의 절반을 넣은 다음 15초 동안 돌린다. 남은 밀가루를 마저 넣고 섞일 정도로만 돌린다. 믹서 용기의 옆에 묻은 혼합물을 긁어내리고 5초간 더 돌린다. 애호박과 초콜릿 칩 절반을 넣어 섞어준다.

준비된 베이킹 팬에 반죽을 넣고 그 위에 남은 초콜릿 칩을 뿌린다. 35분에서 40분 동안 꼬챙이로 케이크의 가운데를 찔러보아 아무것도 묻어나지 않을 때까지 오븐에 굽는다. 팬에 담긴 케이크를 식힘망으로 옮겨 1시간 동안 식힌다. 바닐라 아이스크림과 함께 낸다.

사진 107쪽 · 12인분

다이아나 옌

{ FOOD STYLIST / CATERER }

'쥬얼스 오브 뉴욕The Jewels of New York'은 에너지 넘치고 창조적인 사람들로 북적거리는 뉴욕의 진정한 보석이다. 요리 열정가들로 이루어진 이 작은 그룹은 음식을 재료로 하는 종합적인 창작 스튜디오를 꾸렸다. 세련된 감각과 풍부한 지식을 갖춘 쥬얼스는 모든 고객들에게 음식 맛보는 일을 즐겁고 푸근한 경험으로 만들어주고자 한다. 케이터링, 푸드 스타일링, 푸드 컨설팅을 통해 쥬얼스 오브 뉴욕은 음식을 예술로 거듭나게 한다. 먹을 수 있고, 맛있고, 기분이 좋아지는 예술이다. 쥬얼스의 리더인 다이아나 옌은 누구보다도 그런 비전이 삶에 녹아 있는 사람이다.

브루클린 하이츠에 사는 다이아나는 '집과 라이프스타일 디자인' 분야에서

"저는 계절 음식을 먹어야 한다고 생각하고 주변에 있는 가장
신선한 음식을 먹는 것을 좋아해요. 하지만 뭐든 너무 극단적으로
지키려고 하면 먹을 수 있는 음식이 별로 없어요. 음식은 삶이에요.
그래서 문을 열어놓고 미각이 세상을 맛볼 수 있도록 해야 해요."

일했었다. 아마도 어렸을 때부터 음식과 집에 있는 걸 좋아하던 그녀에겐 자연스러운 일이었을 것이다. 그녀는 밤마다 집에서 만든 저녁을 먹었고, 학교에 다녀오면 간식이 준비되어 그녀를 기다리고 있었다. 다이아나는 음식을 즐기는 동시에 음식을 중시 여기는 집안에서 자랐고, 그것은 엄마 덕분이었다. 오늘날 다이아나는 쥬얼스 오브 뉴욕을 운영할 뿐 아니라 집에 손님을 초대해 음식을 대접하기도 한다. 테이크아웃 음식에 익숙해진 도시에서 그녀에게 요리는 삶의 속도를 늦추고 자신을 포함한 주변 사람들에게 좋은 영양을 공급하는 일이다.

쥬얼스 오브 뉴욕은 다이아나의 다정하고 창조적인 성격에서 자연스레 나온 산물이다. 이러한 그녀의 성격은 그녀가 만든 예술적이고 사려 깊은 음식에 잘 드러나 있다. (115쪽의 사진은 어시스턴트인 하나 스미츠와 함께 찍었다.)

생강 아이스크림과

금귤 콤포트

아이스크림 재료
생강 1컵(340g) 껍질을 벗겨 굵게 간다
설탕 1컵과 2테이블스푼(225g)
우유 3컵(720ml)
생크림 2컵(480ml)
바닐라 빈 1개
큰 계란 노른자 3개

Ginger Ice Cream with Kumquat Compote

아이스크림 만들기:

크고 무거운 냄비에 생강을 넣고 위로 2.5cm 정도 잠기도록 물을 붓는다. 강-중불에 올리고 끓이다가 물이 끓으면 불을 중불보다 약하게 줄이고 5분간 더 끓인다. 생강을 건져내고 물은 버린다.

생강을 다시 같은 냄비에 넣고 설탕, 우유, 크림을 넣고 저어준다. 바닐라 빈을 길게 쪼개어 냄비에 씨를 긁어넣고, 나머지는 버린다. 이걸 설탕통에 넣어두면 바닐라 설탕이 된다. 이 혼합물을 중불에 끓인다.

그동안 계란 노른자를 커다란 내열성 용기에 넣고 거품기로 색이 연해질 때까지 저어준다. 젖은 수건을 그릇의 밑 부분에 대어놓으면 고정되어 작업이 수월하다. 끓는 생강 크림 ¼컵을 아주 천천히 일정한 속도로 부으면서 거품기로 저어준다. 나머지도 천천히 부어주며 계속 휘젓는다. 혼합물을 다시 냄비에 붓고 중-약불에 올리고 7분에서 10분 동안 계속 저어준다. 끓게 하지 말고, 숟가락을 넣으면 되직하게 묻을 정도가 될 때까지 저어준다. 불에서 냄비를 내리고 30분 동안 그대로 둔다.

혼합물을 커다란 그릇에 고운체로 내리고 체에 걸러진 덩어리는 버린다. 그릇을 랩으로 덮고 혼합물이 완전히 차가워질 때까지 2시간 동안 냉장고에 넣어둔다. 아이스크림 베이스는 이틀 전부터 준비해두어도 된다. 아이스크림 메이커에 혼합물을 넣고 사용설명서에 따라서 혼합물을 돌려준다. 끝나면 960ml 용기에 아이스크림을 붓고 최소한 2시간 이상 얼린다. 아이스크림은 이틀 안에 먹는 것이 가장 좋다. 집에서 만든 아이스크림은 사는 것보다 얼음처럼 딱딱해지는 경향이 있다.

콤포트 재료:

설탕 1컵(200g)

물 1컵(240ml)

잘 닦고 반으로 잘라 씨를 뺀
금귤 455g

팔각 2개

카르다몸 2개

1cm 정도 두께로 자른 생강 2쪽

*팔각은 별 모양의 열매로 주로 중국 음식의 향신료로 쓰인다. 카르다몸은 인도산 생강과에 속하는 식물의 씨를 말려 만든 향신료다.

콤포트 만들기:

크고 무거운 냄비에 설탕과 물을 넣고 섞는다. 중불보다 높은 불에 냄비를 올리고 설탕이 완전히 녹을 때까지 끓여준다. 여기에 금귤, 팔각, 카르다몸, 생강을 넣고 섞어준 다음 다시 혼합물을 끓인다. 불을 중불로 낮추고 30분 동안 잼처럼 걸쭉해질 때까지 끓여준다.

콤포트를 237ml 유리병 3개에 넣고 뚜껑을 꼭 닫아놓는다. 금귤 콤포트는 3일 전에 만들어 밀폐 유리병에 넣은 후 냉장 보관이 가능하다.

생강 아이스크림과 금귤 콤포트를 함께 낸다.

사진 114쪽 · 아이스크림 1L · 콤포트 475~710ml

"오차즈케는 원래 녹차로 하지만 자스민차로 했을 때 나는 꽃향기와 황금색도 좋아해요.
연어의 기름기가 차의 향을 더욱 진하고 부드럽게 해줘요.
오차즈케는 남은 밥으로 만들어도 좋아요."
—다이아나 엔

연어 오차즈케

(녹차에 만 연어와 현미밥)

밥 재료:

현미 1컵(200g)

소금 조금

연어 오차즈케 재료:

뜨거운 물 4컵(960ml)

다시 가루 1티스푼

연어(455g)는 껍질을 벗겨서
2cm 두께의 필레 4조각으로 썬다

소금

자스민, 현미 녹차,
또는 녹차 4컵(960ml)

우메보시 4개

가늘게 썬 김

Salmon Ochazuke (Tea-Poached Salmon with Brown Rice)

다이아나: 오차즈케는 원래 녹차로 하지만 자스민차로 했을 때 나는 꽃향기와 황금색도 좋아해요. 연어의 기름기가 차의 향을 더욱 진하고 부드럽게 해줘요. 오차즈케는 남은 밥으로 만들어도 좋아요.

밥 짓기:

고운체에 쌀을 넣고 흐르는 물에 맑은 물이 나올 때까지 씻는다. 중간 크기 냄비에 쌀과 물 2컵, 소금을 넣고 강-중불에 올려 끓인다. 불을 약불로 낮춘 후 뚜껑을 덮고 45분에서 60분 동안 물이 다 흡수되고 쌀이 다 익을 때까지 끓인다. 냄비를 불에서 내리고 10분 정도 두었다가 밥을 뒤적여놓는다.

연어 오차즈케 만들기:

뜨거운 물에 다시 가루를 넣고 풀어준다. 연어 필레에 소금 1½티스푼을 문지른 다음, 간이 배도록 10분 정도 실온에 놓아둔다.

그동안 중간 크기 냄비에 차와 다시 국물을 넣고 중불에서 끓인다. 그릇에 밥을 4등분해서 담고 그 위에 우메보시를 하나씩 올린다. 연어에 묻은 소금을 닦아 우메보시를 얹은 밥 위에 1조각씩 얹는다.

연어 위에 끓는 찻물을 붓고 연어가 2~3분간 뜨거운 국물에 적당히 익도록 둔다. 자른 김을 얹어 낸다.

4인분

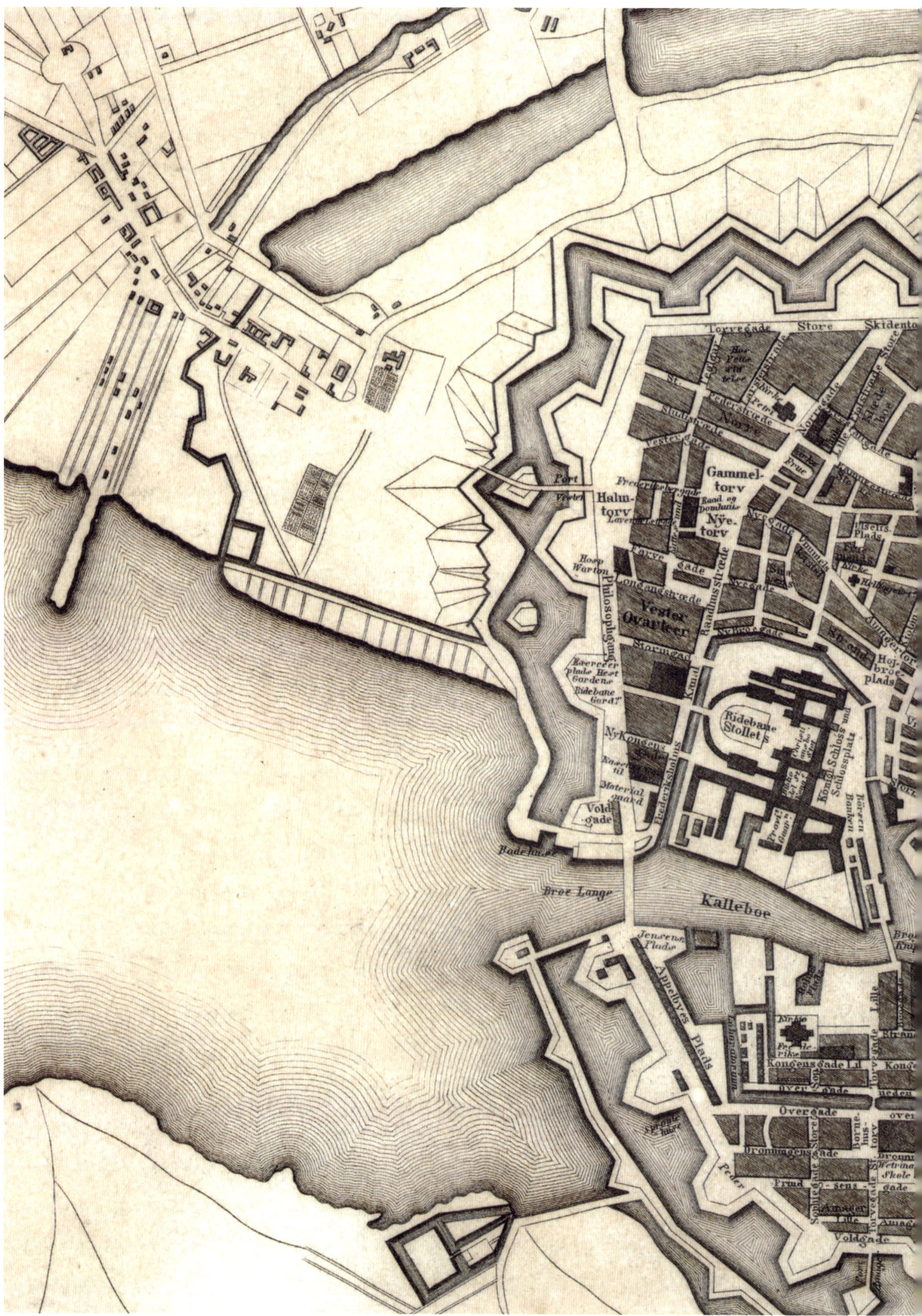

COPENHAGEN

DENMARK

나는 덴마크 문화에 여러 가지 이유로 끌리는데, 그중에서도 단연 중요한 한 가지 이유가 있다. '휘게hygge'라는, 번역하기 힘들고 말로 잘 표현할 수 없는 개념이다. 하지만 우리에게 익숙한 감정이고 정서고 표현이다. 영어로 내가 떠올리게 되는 의미는 우리가 갈망하는 어떤 아늑한 느낌이다. 사랑하는 사람들과 보내는 시간이 주는 아늑한 분위기, 촛불을 켜고 좋은 음식을 먹고, 탁탁 소리를 내며 타들어가는 벽난로가 있는 그런 느낌. 덴마크 사람들의 문화 속에 '휘게'가 깊게 스며 있고 언어에도 뿌리 깊게 존재한다는 사실이 내게는 인상적이었다. 그래서 말로는 잘 표현할 수 없다 해도 나도 그들처럼 '휘게'의 시간을 만들려고 노력해왔다.

이 책 덕분에 나는 짐을 싸서 덴마크로 건너가 친구들을 방문하고 그들의 손님 접대를 직접 볼 수 있는 기회를 갖게 되었다. 코펜하겐에서 지내보니 이 아늑함의 예술이 그냥 하는 말이 아니라 실재하는 것임을 확연히 느낄 수 있었다. 이곳 친구들 집을 방문해 시간을 보내다 보면 사람들과 함께하고 따뜻하게 접대하는 문화가 이들 사이에서 매우 일상적이라는 사실을 알 수 있었다. 단순하게 일상을 만들어가고 이를 즐기는 데서 진정한 즐거움을 느끼기 때문에 가능한 일이었다. 큰 노력을 들이지 않는 이런 의식ritual을 만들어가는 덴마크 사람들은 집안 살림이나 일상생활을 해야 할 일들의 연속이 아니라 일종의 예술로 생각하고 있었다.

미 켈 리 프 만

{ ADVERTISING EXECUTIVE }

몇 대가 되는 가족들이 매주 한 자리에 모여 식사를 하는 것은 이제 어느 대륙을 가나 흔한 일은 아니다. 유럽도 예외는 아니다. 하지만 미켈 리프만의 가족은 바쁘다거나 발레 연습에 가야 한다거나 일이 있다고 해서 가장 소중한 것을 희생하는 일이 없도록 하자고 결정했다. 그래서 화요일 저녁이면 가족이 모두 모여, 손녀에서 할머니까지 삼대가 함께 식사를 한다. 가족들이 식탁에서, 부엌에서, 대화 속에서 일주일 만에 다시 만나는 것이다.

미켈은 광고 회사의 임원으로 사회적으로 성공했고 매우 가정적인 사람이다. 창조적이고 아름다운 말린의 남편이고 올가와 올리비아의 아버지다. 이름 있는 섬유 공예가인 미켈의 어머니 푸크도 식탁에 앉아 여행 이야기와 재미난 친구들의 이야기를 들려준다. 이 가족의 특징이라 할 수 있는 창조적인 일에 대한 열망은 화요일 저녁 식사와 여러 파티들을 통해 더욱 성장해왔다. 목적이 있는 삶을 살고자 하는 리프만 가족의 의지는 일뿐 아니라 친밀한 가족 관계 속에서도 드러난다.

해야 할 일이 많고 바쁜 이 가족들에게 식사는 빨리 만들 수 있으면서 맛있는 것이어야 한다. 딸들이 테이블 세팅을 하고 촛불을 켠다. 푸크가 와인을 따르는 동안 우리는 식탁에 앉아 올리브와 치즈를 먹는다. 미켈은 신선한 야채 위에 좋은 오일과 허브를 뿌리고, 기다란 연어 필레를 통후추와 올리브오일과 레몬 조각으로 양념을 한다. 말린이 오븐에서 얇고 달콤한 사과 케이크를 꺼내니 저녁 식사 준비가 끝났다. 모두가 저녁 준비에 참여하고 모두가 함께 일한 결과를 즐긴다. 이것이 리프만 가족이 굳게 지켜나가는 전통이다.

Cucumber and Fennel Salad

오이와 펜넬 샐러드

커다란 펜넬 구근 1개
얇게 썬 중간 크기 오이 1~2개
레몬 1개의 껍질 부분은 갈고,
나머지는 즙을 낸다
올리브오일
소금과 통후추 간 것

*레몬 껍질을 갈 때는 고운 강판으로 노란 부분만 조심해서 갈아야 한다. 흰 부분은 쓴맛이 나기 때문에 들어가지 않도록 조심한다.

펜넬 구근의 줄기 끝을 잘라 버리고 잎은 다듬어둔다. 줄기는 잘게 썬다. 구근은 반으로 잘라 단단한 심은 버리고 나머지는 얇게 저민다.

커다란 그릇에 다듬은 잎사귀와 썬 줄기와 저민 구근을 넣는다. 그릇에 오이와 레몬 껍질, 올리브오일, 레몬즙을 더해 소금과 후추로 간한다. 잘 섞은 후 10분 정도 냉장고에 넣었다가 낸다.

4인분

Spidskål(Cabbage Salad)

스피스쿨(양배추 샐러드)

참깨 ½컵(70g)
중간 크기 양배추 1개
소금과 통후추 간 것
레드 와인 식초 3테이블스푼(45ml)
디종 머스터드 2티스푼(10g)
올리브오일 ½컵(120ml)

중간 크기 프라이팬을 중불에 올려 참깨를 볶는다. 노릇해질 때까지 계속 저어주며 5분 정도 볶는다.

양배추 겉에 시든 잎이 있으면 잘라서 버린다. 양배추를 반으로 잘라서 심을 도려낸 후 채쳐서 커다란 그릇에 담는다. 소금과 후추로 간한다.

중간 크기 그릇에 식초와 머스터드를 넣고 거품기로 젓는다. 일정한 속도로 계속 저어주면서 올리브오일을 넣는다. 소금과 후추로 간한 드레싱을 양배추에 뿌린 다음 골고루 버무린다. 볶은 깨를 뿌려 다시 한 번 잘 섞어준 다음 바로 낸다.

6인분

오스틴과
애쉴린 세일즈버리

{ WRITER / CREATIVE CONSULTANT AND TEACHER }

오스틴과 애쉴린 세일즈버리는 모험적인 삶을 살기로 작정한 신혼부부다. 달콤한 신혼의 몇 달이 지나기 무섭게 그들은 미국 남부의 익숙했던 삶과 가족을 떠나 코펜하겐 교외의 작은 마을에서 새로운 삶을 시작했다. 오스틴은 국제 교회의 스태프고, 애쉴린은 초등학교 선생님이다. 그들은 공통된 삶의 경험이 있는 커뮤니티를 떠나 이곳에서 가정을 꾸리는 방법을 배워가고 있다.

전혀 애쓰지 않은 듯한 스타일, 여기저기 켜놓은 촛불들과 함께 그들은 덴마크 풍경과 어우러진다. 하지만 그들이 미국 남부에서 왔다는 사실은 쉽게 숨겨지지 않는다. 가끔씩 나오는 남부 억양과 애쉴린이 만드는 고구마 비스킷의 향기가 다 말해준다. 그들은 고향에서 가장 좋은 점만 가지고 온 듯하다. 영혼을 따뜻하게 해주는 음식에 대한 애정, 가장 불안했던 사람까지 편안하게 만들어주는 따뜻한 접대. 그래서 이 먼 타향에서도 오스틴과 애쉴린 주위에는 에너지와 유머와 활기가 넘친다.

이 목가적인 풍경 속 그들의 삶은 즐거운 일과와 함께 요리하는 저녁들로 꽉 차 있다. 덴마크의 전통에 따라 그들은 아침에 커피 만들 때 촛불을 켜고, 퇴근하고 집에 왔을 때 다시 촛불을 켠다. 일요일에는 특별한 요리를 함께 만들고, 또 함께할 친구들, 오랜 친구나 새로운 친구들을 항상 초대한다. 그들의 결혼 생활은 내적으로 충실하고, 외적으로는 사교적이다. 그들은 서로의 말과 행동을 살피고 돌보는 한편, 다른 사람들을 받아들여 친구, 지인들과도 정을 나누고 함께 시간을 보낸다. 오스틴과 애쉴린은 아직 젊고 결혼한 지도 얼마 안 됐지만 사람을 맞는 일에 관해서는 글로벌한 감각의 전문가들이다.

메이플과

시나몬 글레이즈를 바른

호박빵

Pumpkin Bread with Maple-Cinnamon Glaze and Nuts

빵 재료:

무염 버터 4테이블스푼(60g)

우유 ½컵(120ml)

드라이 이스트 2¼티스푼(7.5g)

설탕 1¼컵(250g)

호박 퓨레 ¾컵

소금 1티스푼(6g)

강력분 2½컵(425g)

올리브오일 2테이블스푼(30ml)

시나몬 가루 2티스푼(6g)

금방 간 넛멕(육두구) ½티스푼

빵 만들기:

작은 프라이팬을 중불에 올리고 버터 2테이블스푼을 녹인다. 젓지 말고 프라이팬 바닥에 조그만 갈색 덩어리가 생길 때까지 2~4분 동안 둔다. 우유를 넣고 43도가 되도록 데운다. 이 혼합물을 커다란 그릇에 붓고 이스트와 설탕 ¼컵을 넣어 저어준다. 거품이 생길 때까지 10분간 둔다.

이스트 혼합물에 호박 퓨레, 소금, 밀가루 1컵을 넣고 섞어준다. 여기 몇 번에 걸쳐 남은 밀가루를 더 섞어주면서 계속 반죽한다. 반죽에 탄력이 생기고 약간 끈적거릴 정도로 6~8분 정도 반죽한다.

커다란 그릇 안에 올리브오일을 바른다. 밀가루 반죽을 그 안에 넣고 기름이 골고루 묻을 때까지 몇 번 치댄다. 랩으로 그릇을 덮은 다음 따뜻하고 바람이 없는 곳에서 반죽이 2배로 부풀 때까지 30분 정도 둔다.

반죽이 부푸는 동안 남은 설탕 1컵(200g), 시나몬, 넛멕, 남은 버터 2테이블스푼(30g)을 넣고 잘 저어준다.

반죽이 2배로 부풀면 다시 2분 정도 더 반죽한 후 밀대로 30×23cm 직사각형이 되도록 민다. 그 위에 설탕 혼합물을 뿌리고 반죽 안으로 들어가도록 살살 눌러준다. 밀가루 반죽을 길게 6조각으로 자른 후 차곡차곡 쌓는다. 길게 쌓은 반죽을 다시 6개의 정사각형으로 자른 다음 23×13cm 빵틀에 차곡차곡 쌓는다. 그 위에 깨끗한 수건을 덮고 따뜻하고 바람이 없는 곳에 반죽이 2배로 부풀 때까지 30분 정도 둔다.

오븐을 177도로 예열한다. 오븐 중간 단에 빵을 넣고 노릇해질 때까지 30~35분 정도 굽는다. 다 구워진 빵은 식힘망에 얹어 5분 정도 식힌다. 그동안 글레이즈를 준비한다.

글레이즈 재료:
슈가 파우더 ¾컵(90g)
메이플 시럽 2½테이블스푼(37.5ml)
녹인 무염 버터 1테이블스푼(15g)
우유 1~2테이블스푼(15~30ml)
피칸 ¾컵(90g)을 구워서 소금을 뿌린 후 잘게 자른다

글레이즈와 너트 토핑 만들기:

중간 크기 그릇에 슈가 파우더, 시럽, 버터, 우유 1테이블스푼을 넣고 거품기로 젓는다. 농도가 너무 진하면 우유 1테이블스푼을 더 넣고 저어준다.

빵 위에 글레이즈를 바르고 피칸을 뿌린다. 따뜻할 때 낸다.

빵 1덩이 분량

Sweet Potato Biscuits

고구마 비스킷

고구마 1개(310g)를 껍질 벗기고 2.5cm 크기의 조각으로 자른다

중력분 1¾컵(250g)과 나중에 뿌릴 여분 조금

설탕 2테이블스푼(30g)

베이킹 파우더 2½티스푼(7.5g)

소금 1티스푼(6g)

베이킹 소다 ½티스푼

무염 버터 6테이블스푼(85g)을 작게 자른 후 냉장 보관한다

버터밀크 ⅓컵(80ml)을 냉장 보관한다

오븐 중간에 오븐망을 놓고 218도로 예열한다. 베이킹 판에 유산지를 깐다.

작은 냄비에 고구마 썬 것을 넣고 고구마의 위로 2.5cm 정도 잠기도록 찬물을 넉넉히 붓는다. 약간 센불에 끓이다가 물이 끓으면 중불로 줄인다. 10분 정도 고구마가 익을 때까지 끓인다. 고구마를 건져서 곱게 으깬다. 실온에 식힌 후 ¾컵(180g) 정도 덜어내고 나머지는 다른 데 사용할 수 있도록 둔다. 고구마 퓨레는 하루 전에 만들어서 밀폐 용기에 담아 냉장 보관할 수 있다.

커다란 그릇에 밀가루, 설탕, 베이킹 파우더, 소금, 베이킹 소다를 넣고 잘 저어 섞는다. 나이프 2개를 이용해서 버터를 완두콩 크기로 잘라 밀가루 섞은 것에 넣는다. 작은 그릇에 버터밀크와 고구마 퓨레를 넣어 섞은 후 밀가루와 버터를 섞은 것과 더해 두 내용물이 섞일 정도로만 잠깐 저어준다.

깨끗하고 물기 없는 작업대 표면에 밀가루를 살짝 뿌려준다. 반죽을 꺼내서 몇 번 반죽한 다음 밀대로 30cm 지름의 원이 되도록 민다. 6cm 원형 비스킷 커터에 밀가루를 묻힌 후 반죽을 눌러 비스킷을 찍어낸 후 준비된 베이킹 판에 2.5cm 간격으로 늘어놓는다.

10~12분 정도 노릇해질 때까지 비스킷을 굽는다. 식힘망으로 옮겨 5분 정도 두었다가 따뜻할 때 낸다.

비스킷 12개

COPENHAGEN, DENMARK

나탈리 슈어

{ INTERIOR DESIGNER }

나탈리 슈어는 코펜하겐의 창조적인 젊은 세대를 대표하는 얼굴이다. 성공한 인테리어 디자이너면서 자주 여행을 다니고 자전거로 통근하는 나탈리는 덴마크 젊은이들이 이상적으로 생각하는 가치 그대로 살고 있다. 덴마크의 젊은 세대는 새로운 전통을 만들고 창조적인 걸음을 내딛어, 덴마크 사람들에게 세상과 공유할 만한 목소리가 있다는 것을 세상에 알리고 싶어 한다. 나탈리의 안식처는 코펜하겐의 운하가 내려다보이는 널찍한 아파트다. 실내는 밝고 통풍이 잘 되고 미술책과 빈티지 가구들로 가득 차 있다. 부엌은 신선한 로즈마리와 바질의 향과 햇살로 가득하고, 구운 야채와 와인으로 꽉 찬 테이블 주위로 친구들을 초대하기에 넉넉한 공간이다. 다른 젊은 덴마크 사람들처럼 나탈리도 케케묵은 전통을 고수하는 일은 피하는 편이다. 하지만 그녀가 요리에 대해 갖고 있는 생각, 즉 계절 식품을 먹고, 매일 식료품 쇼핑을 하고, 항상 집에서 먹는 것을 신념처럼 유지하며 살아간다. "우리 집 사람들은 다들 이 일에 대해선 고집이 셌어요." 나탈리는 아보카도를 썰면서 이야기를 들려주다가 마지막에 이렇게 덧붙였다. "여러 가지 신선한 재료를 사용해서 집에서 만들어 먹는 음식만큼 건강을 위한 일은 없거든요."
나탈리가 부엌에서 받은 교육과 경험은 어렸을 때부터 시작되었다. 그때는 엄마의 음식 준비를 돕거나 그냥 테이블 세팅만 하기도 했지만 어쨌든 부엌 일에 평생 참여해온 그녀는 이제 편안한 열정을 지니고 요리를 하게 되었고, 언제나 다시 파티를 할 준비도, 파리행 비행기에 올라탈 준비도 되어 있다. 그녀는 곱슬머리에 척 테일러 컨버스화를 신고, 음식과 사람들을 좋아하고, 옷을 사러 여행을 가기도 하는, 과거에 뿌리를 두었지만 언제나 미래를 보는 코펜하겐 사람이다.

구운 페타 치즈와

토마토를 곁들인 보리 샐러드

페타 치즈(230g)를 0.6cm 크기로
깍둑썰기

잘 익은 작은 토마토
1½컵(230g)을 반으로 썬다

검정 올리브 ½컵(70g)을 씨를 빼고
반으로 썬다

오레가노, 로즈마리, 타임 같은 신선한
허브 다진 것 ¼컵(10g)

엑스트라 버진 올리브오일 ¼컵(60ml)

통보리 1컵(200g)

물 2컵(475ml)

소금

잘 익은 아보카도 2개를 1.3cm
크기로 깍둑썰기

양념한 아티초크(455g)를 1.3cm
두께의 웨지 모양으로 자른다

오이 1개(230g)를 씨 빼고 굵게
다진다

신선한 바질 잎 2컵(60g)을 얇게 썬다

레몬즙 2테이블스푼(30ml)

통후추 간 것

Hearty Barley Salad with Broiled Feta and Tomatoes

나탈리: 페타 치즈를 녹여 만든 소스가 이 샐러드를 푸짐하게 만들어줘요. 각자 좋아하는 야채와 허브를 사용하는 데 주저하지 마세요. 따뜻할 때 맛있는 빵과 레드 와인, 햄 같은 것과 함께 내도 좋아요.

오븐 중간에 오븐망을 놓고 200도로 예열한다.

베이킹 판에 호일을 한 장 깔고 그 위에 페타 치즈, 토마토, 올리브, 허브, 올리브오일을 넣고 잘 섞어준다. 오븐에 넣어 치즈가 녹고 토마토가 잘 익을 때까지 25분 정도 굽는다.

그동안 중간 크기 냄비에 보리와 물, 소금 ½티스푼을 넣고 강-중불에 올려 끓인다. 끓기 시작하면 중불로 줄이고 뚜껑을 덮은 후 보리가 익을 때까지 20분 정도 끓여준다. 다 되면 잘 뒤적인 후 샐러드 그릇에 옮겨 담는다.

보리를 넣은 샐러드 그릇에 아보카도, 아티초크, 오이, 바질, 레몬즙을 넣고 잘 섞어준다. 여기에 구운 페타 치즈 및 토마토 혼합물을 섞는다. 소금과 후추로 간한 후 상에 낸다.

사진 136쪽 · 4인분

미켈과
유카리 그뢰네벡

{ CURATOR / MENSWEAR DESIGNER
AND FURNITURE DESIGNER }

재능 많은 미켈과 유카리 그뢰네벡은 소란스럽고 복잡한 코펜하겐 시를 조금 벗어난 곳에서 예쁜 아기 카이와 함께 살고 있다. 갤러리 큐레이터이자 남성복 브랜드 '노즈 프로젝트Norse Projects'의 공동 창립자인 미켈과 가구 디자이너인 일본인 아내 유카리는 창조적인 파워 커플이다. 그래도 저녁 식사에 손님을 초대하면 두 사람은 앞치마를 두르고 실내화를 신고 따뜻하고 허물없이 손님을 맞는다.

그들은 집 중앙에 긴 식탁을 놓았고, 실제로 이 식탁은 이 가족에게 생활의 상징적인 중심이기도 하다. 두 사람은 자주 함께 요리를 하는데, 가스레인지와 도마 앞에서 미리 짠 것처럼 자연스레 움직이는 것을 보면 알 수 있다. 그들이 함께 만드는 음식은 그들의 집처럼 덴마크와 일본의 전통이 자연스럽고 아름답게 어우러진 완벽한 합작품이다. 이곳에서는 딜을 곁들인 삶은 감자가 매운 와사비의 맛이 살짝 느껴지는 오리고기를 얹은 밥과 함께 나오는 게 아주 자연스럽다. 그들의 스타일과 취향은 서로 부딪히기보다 전체적으로 독특하고 조화로운 새 맛을 창출해낸다.

한 쪽에서는 어린 아들이 쌕쌕 잠들어 있고, 식탁에는 음식이 풍성하게 차려지고 사람들이 가득 모인다. 대화와 음식은 모두 푸짐하고 따뜻했고 그래서 시간은 빠르게 흘렀다. 이곳에서 미켈과 유카리는 그들의 창조적인 솜씨로 신성하고 특별한 무언가를 꾸려가고 있다. 그리고 친밀한 분위기의 이 공간은 외부 세계로부터 그들을 보호해주는 은신처다.

Duck on Japanese Rice with Fresh Danish Green Peas and Wasabi Mayo

덴마크 완두콩과

와사비 마요네즈를 곁들인

오리고기 덮밥

쌀 1컵(200g)
물 2컵(480ml)
다시마 1개(원하면)
소금과 통후추 간 것
껍질을 깐 덴마크 완두콩 1컵과 2테이블스푼(300g)
오리 가슴살(345g)
얇게 썬 쪽파 6줄기
얇게 썬 매운 고추 1개
마요네즈
와사비 페이스트

미켈과 유카리: 우리는 종종 덴마크와 일본 두 나라의 음식을 섞어보곤 해요. 우리가 가장 좋아하는 음식은 유럽과 일본의 맛이 동시에 느껴지면서도 간단하고 쉬운 바로 이 요리예요.

쌀을 고운체에 받쳐 맑은 물이 흐를 때까지 흐르는 물에 씻는다. 중간 크기 냄비에 쌀과 물과 다시마(넣는다면)를 넣고 강-중불에 끓인다. 끓기 시작하면 불을 약불로 줄이고 45~60분 동안 물이 모두 흡수될 때까지 둔다. 불을 끄고 10분 동안 뜸을 들인 후 밥을 뒤적여둔다.

작은 냄비에 물을 넣고 강-중불에 끓인다. 다른 그릇에 같은 양의 얼음과 물을 넣어둔다. 소금 1½테이블스푼과 완두콩을 넣고 콩이 선명한 녹색을 띨 때까지 3분 정도 끓인다. 콩을 건져내 준비해둔 얼음물에 완전히 식을 때까지 담가둔다.

오리 가슴살에서 지방이 많은 쪽에 아주 잘 드는 칼을 이용해 격자 모양으로 칼자국을 낸다. 고기를 끝까지 자르지 않도록 조심한다. 소금과 후추로 간한다. 중간 크기 프라이팬에 칼자국 낸 쪽이 아래로 가도록 오리고기를 놓고 약불에 올려 5분 정도 익힌다. 프라이팬에서 고기를 꺼내고 프라이팬에 남은 기름을 강-중불에 데운다. 기름이 보글거리면 오리고기를 다시 칼자국 낸 쪽이 아래로 가도록 놓고 6~8분 살이 노릇하고 바삭해질 때까지 굽는다. 고기를 뒤집어서 3~4분 또는 원하는 정도로 익을 때까지 익힌다. 다 된 고기를 도마 위에 꺼내어 5분 동안 식힌 후 얇게 썬다.

밥과 콩을 섞은 후 그릇 2개에 나누어 담는다. 그 위에 썬 오리고기를 놓고 파와 고추를 뿌린다. 작은 그릇에 마요네즈와 와사비를 섞어서 오리고기 위에 조금 얹은 다음 바로 낸다.

note: 작은 비닐봉지에 와사비 마요네즈를 넣고 귀퉁이에 구멍을 내면 요리 위에 마요네즈를 짜서 장식할 수 있다.

2인분

사라 브리튼

{ HOLISTIC NUTRITIONIST / VEGETARIAN CHEF }

사라 브리튼의 얼굴에선 빛이 난다. 빛나는 이유가 온전한 음식Whole Food을 먹는 특별한 식습관 때문인지 낙천적인 성격 때문인지는 모르겠지만 그녀는 사람들을 '힘나게' 하는 일을 한다. 그녀는 온라인과 오프라인을 통해 사람들에게 그들의 삶 속에 음식을 진지하게 받아들이라고 설득한다. 그녀에게 이 일은 재미없고 의무적인 업무가 아니다. "음식은 영양 공급 원천 그 이상이에요. 그건 시죠."
사라는 토론토 출신의 캐나다인이지만 스칸디나비아의 풍경에 원주민처럼 어울린다. 자전거와 보헤미안 스타일, 완벽하게 어울리는 틀어 올린 머리 덕택인지도 모르겠다. 블로그 '마이 뉴 루츠My New Roots'로 유명한 그녀는

> "몇 년 전부터 식사하기 전에 잠시 감사의 마음을 갖는 습관을
> 들이기 시작했어요. 기도도 아니고 종교적인 것도 아니지만,
> 그저 식사를 천천히 하고 앞에 놓인 음식에 감사하는 마음을
> 가지기 위해서요. 재미있게도, 저의 이 작은 습관은 가족과 친구들 사이에도
> 퍼져서, 그들도 이제 식사 전에 잠깐 감사하는 시간을
> 가진다고 해요. 꽤 많은 사람들이 저에게 말해줘요.
> 이 10초가 얼마나 삶을 달라지게 했는지,
> 음식을 얼마나 더 의식적으로 즐기게 됐는지 말예요."

홀리스틱 영양사이자 채식 셰프로서 사람들에게 건강해지기 위한 첫 걸음은 건강하게 먹는 것이라는 사실을 상기시킨다.
사라는 미국 애리조나에 있는 유기농 농장에서 일할 때 처음으로 음식에 관한 '깨달음'을 체험하게 되었다. 음식이 어떻게 유기농으로 재배되고 수확되는지를 직접 보면서 이해하게 된 것이다. 그다음, 학교를 다시 다니면서 어떻게 음식이 우리의 몸과 반응하고 변화하고 몸에 도움과 해를 주는지를 배우게 되었다.
사라는 음식이 우리 몸에서 어떻게 작용하는지 알려주는 참을성 있는 안내자다. 그녀는 재료를 섞고, 생강가루를 내리면서 설명해주었다. 우리는 그녀를 통해 왜 생강가루가 통생강보다 세포에 더 좋은지, 따뜻한 레몬차가 아침에 먹을 수 있는 최고의 음식인지 배우게 되었다. 그녀는 차근차근 각자의 삶과 취향에 어울리는 방식으로 건강하게 먹는 방법을 우리에게 알려준다.

참깨 밥을 곁들인

렌틸 스튜

Four Corners Lentil Stew with Sesame Rice

렌틸 스튜 재료:

붉은 렌틸 1컵(185g)의 불순물을 골라 낸다

코코넛오일이나 기 2테이블스푼 (30ml)

다진 큰 양파 1개

소금 1티스푼(6g)

다진 마늘 5쪽

다진 생강 1테이블스푼(13g)

커민 가루 1테이블스푼(4g)

카이엔 고춧가루 ¼티스푼

통조림 토마토 1캔(425g)을 잘게 썬다

원형으로 썬 레몬 1개

야채 육수 3컵(700ml)

신선한 고수나 쪽파, 이탈리안 파슬리 다진 것

*기ghee는 남아시아 요리에 쓰이는 일종의 버터.

밥 재료:

현미 1컵(200g)

물 2½컵(600ml)

소금 ¾티스푼

참깨 ¼컵(35g)

렌틸 스튜 만들기:

렌틸을 고운체에 받쳐 맑은 물이 흐를 때까지 흐르는 물에 씻는다.

중간 크기 프라이팬에 기름을 두르고 강-중불에 데운다. 기름이 보글거리기 시작하면 양파와 소금을 넣고 저어주면서 5분 정도 양파가 투명해질 때까지 볶는다. 마늘, 생강, 커민, 카이엔 고춧가루를 넣고 1분 정도 향이 날 때까지 볶는다. 여기에 토마토, 레몬 3조각, 야채 육수, 렌틸을 넣는다. 이 혼합물이 끓기 시작하면 불을 중불보다 약하게 줄이고 뚜껑을 덮은 후 20~30분 렌틸이 푹 익을 때까지 끓인다.

밥 짓기와 내기:

쌀을 고운체에 받쳐 투명한 물이 흐를 때까지 흐르는 물에 씻는다. 중간 크기 냄비에 쌀과 물과 소금을 넣고 강-중불에 끓인다. 끓기 시작하면 불을 약불로 줄이고 45~60분 동안 물이 모두 흡수될 때까지 둔다. 냄비를 불에서 내리고 10분 동안 뜸을 들인 후 포크로 뒤적인다.

밥을 할 동안, 작은 프라이팬에 참깨를 담고 중불에서 5분 동안 저어주면서 노릇하게 될 때까지 볶는다. 볶은 깨를 밥과 섞는다.

남은 레몬으로 즙을 내어 스튜에 넣고 소금으로 간을 한다. 참깨 밥 위에 스튜를 붓고 쪽파나 이탈리안 파슬리를 뿌린다.

note: 양파 대신 리크leek의 흰 부분을 얇게 저며 넣어도 된다. 통조림 토마토 대신 잘 익은 큰 토마토 4개를 사용해도 된다.

4인분

Spiced Raw Chocolate Mousse

매콤한 초콜릿 무스

식용 대마씨 ¼컵(30g)

코코아 파우더 수북하게 2테이블스푼 (11g)

잘 익은 아보카도 1개의 껍질을 벗기고 씨를 뺀다

큰 바나나 1개를 얼려서 굵게 썬다

꿀, 아가베 시럽이나 메이플 시럽 2테이블스푼(42g)

카이엔 고춧가루 조금

생강 가루 조금

천일염 조금

찬물, 필요한 만큼

식용 대마씨, 코코아 파우더, 아보카도, 바나나, 꿀, 고춧가루, 생강, 소금을 믹서기에 넣고 돌린다. 물을 1테이블스푼씩 넣으면서 원하는 농도로 맞춘다. 바로 낸다.

note: 식용 대마씨 대신 생 아몬드, 생 캐슈너트, 또는 생 해바라기 씨를 넣어도 된다. 너트나 씨를 10분 정도 물에 담가 불린 다음 레시피대로 하면 된다.

2인분

COPENHAGEN, DENMARK

임영미와
라스무스 러르빅

{ STUDENTS }

임영미와 라스무스 러르빅이 사는 아파트는 물건들로 빼곡하다. 벽에는 빈티지 벽지가 붙어 있고, 책들이 겹겹이 쌓여 있다. 사슴뿔과 박제한 작은 동물들이 책과 레코드와 빈티지 카메라들 사이를 채우고 있다. 책장에 놓인 흑백사진 속엔 오래된 가족의 기억이 있다. 집은 작지만 그동안 살아온 삶의 증거들로 가득하다. 읽은 책들, 여러 번 들은 레코드들, 그간 찍어온 사진들. 영미와 라스무스의 아파트는 그들의 사랑과 그들이 사랑하는 것들로 생생하게 살아 있다. 이곳에 들어오면 두 사람이 함께 꾸린 삶 속 깊숙이 초대된 기분이다.

그들의 집에는 부엌, 침실, 화장실과 식당이 있다. 큰 텔레비전이나 푹신한 소파는 없다. 하지만 완벽하게 꾸며진 식탁에는 친구들을 몇 명 초대해서 함께 식사할 수 있도록 의자가 여럿 놓여 있다. 식당은 그들이 사는 공간이다. 식탁에 둘러앉아 음식을 먹으며 살아가는 식당이야말로 진정한 의미에서의 '리빙룸living room'이라는 것을 다시금 알려준다. 이곳에서 우리는 성장하고 영양을 섭취하며 타인들과 교류한다.

이 커플은 우리에게 특별한 덴마크 쿠키를 만들어주었다. 버터 맛이 나는 달콤한, 잼과 머랭을 겹쳐 만든 쿠키다. 우리는 조그만 커피 잔을 앞에 놓고 밥 딜런과 페티 스미스의 이야기를 나누었다. 1시간 전만 해도 전혀 몰랐던 새로운 친구들과 일상적인, 그러나 의미 있는 이야기를 나눈 것이다. 이 커플과는, 한 시간 만나러 왔다가 밤새도록 머물게 된다.

예전에 그들은 누구나 참가하고 어디서든 할 수 있는 우노 카드 게임의 밤을 매주 주최했다고 한다. 우리가 영미와 라스무스를 알아가면서 느꼈듯이, 그들도 매주 카드 게임을 하면서 느꼈을 것이다. 사람을 대접하는 일은 경계를 초월한다고. 문을 열고 사람들을 편안하게 맞으면 관계는 더욱 깊어지게 마련이다.

Meringue-Raspberry Bars

머랭 산딸기 바

무염 버터 9테이블스푼(125g)을 상온에 둔다

설탕 1컵과 3테이블스푼(240g)

큰 계란 2개의 흰자와 노른자를 분리해 실온에 둔다

중력분 1½컵(210g)

산딸기 잼 또는 콤포트

오븐 중간에 오븐망을 놓고 177도로 예열한다.

버터, 준비한 설탕의 절반, 계란 노른자, 밀가루를 섞어 반죽한다. 작은 베이킹 판(30×15cm)에 바로 반죽을 밀어 평평하게 깐다. 아니면, 반죽을 조그맣게 잘라 판 위에 골고루 흩어놓고 납작하게 누른 다음 숟가락 뒷면으로 눌러 골고루 펴준다. 반죽이 바삭해질 때까지 5분 정도 굽는다. 베이킹 판을 잠시 식힘망 위에 꺼내놓고 오븐의 온도를 150도로 낮춘다.

스탠드 믹서에 분리해놓았던 계란 흰자를 넣고 믹서를 중간 빠르기에 맞춘 후 거품이 생길 때까지 1분 동안 돌린다. 믹서가 돌아가는 동안 남은 설탕을 천천히 일정한 속도로 부으면서 흰자에 윤기가 돌며 꼭대기가 단단해질 때까지 2~3분간 돌려준다.

쿠키 베이스에 입맛에 맞게 산딸기 잼을 적당히 바른 후 그 위에 머랭을 조심스럽게 펴 바른다. 약 1시간 정도 머랭이 노릇하게 구워질 때까지 오븐에 굽는다. 식힘망에 판을 얹어놓고 완전히 식을 때까지 최소 1시간을 둔다. 다 식은 쿠키는 12~16개의 바 모양으로 자르거나 동그랗게 잘라서 낸다.

12~16개

이다 와 라세 레어 케

{ PHOTOGRAPHER AND STUDENT }

인스타그램에 수만 명의 팔로워가 있는 이다 레어케는 스마트폰 사진가로서 세계적인 아이콘이 되었다. 전 세계 사람들이 그녀가 찍은 정물, 옷, 자연 속을 산책하는 모습 등을 보기 위해 모여든다. 놀랍게도 이다는 사진을 배운 적이 없다. 그녀는 스마트폰 카메라를 빼면 사진기조차 없고, 필름 스피드나 조리개 같은 걸 배운 적도 없다. 소셜 미디어 덕분에 우리는 이다의 타고난 미적 감각과 기술을 집에 앉아 감상할 수 있는 것이다.

우리가 이다를 만나러 그녀의 아파트로 찾아갔을 때, 그녀는 다리에 찰싹 붙어 있는 어린 아들 삭소와 함께 우리를 맞아주었다. 얼마 지나지 않아 삭소는 우리를 졸졸 쫓아다니면서 얼마 전에 그린 그림들을 보여주고 자기가 자는 침대에 기어올라가곤 했다. 이다의 남편 라세는 우리가 그들의 일상적인 아침을 맛보고 편안한 대화를 나누며 웃고 있는 동안 커피를 만들어주었다. 이다와 라세 모두 자신의 대학 전공 외의 무언가에 열정을 가지고 있다. 이다가 인스타그램의 사진이라면 라세는 자전거다. 그는 자전거를 모으기도 하고, 조립하기도 하며, 가족을 태우고 코펜하겐 시내와 교외로 소풍을 나가기도 한다.

이 가족은 매우 친밀하다. 매일 아침 함께 커피를 마시고 한 팀이 되어 요리를 하고 심지어 삭소까지 나서서 돕는다. 친구들 중에서 그들은 일찍 부모가 된 커플이고, 그런 이유로 레스토랑이나 바에 가기보다는 집으로 친구들을 초대하는 편이다. 그들은 삭소가 방에서 평화롭게 자는 동안 밖에서 얼마나 많은 레드 와인이 소비되었는지를 말하며 웃는다. 이 밝고 쾌적한 아파트는 그들이 커뮤니티를 만드는 무대가 된다.

스뫼레브뢰

(덴마크 식 오픈 샌드위치)

마요네즈 재료:
큰 계란 노른자 1개를 실온에 둔다
디종 머스터드 1티스푼(5g)
식초 1~2티스푼(5~10ml)
신선한 레몬즙 1티스푼(5ml)
식용유 1컵과 2테이블스푼(300ml)
소금과 통후추 간 것

샌드위치 재료:
호밀빵 1쪽
상추 1장
삶은 계란 ½개
삶은 작은 새우 ¼컵(30g)을 차갑게 한다
반으로 자른 방울토마토 ¼컵(45g)
자주색 양파 썬 것 조금
소금과 통후추 간 것

Smørrebrød (Open-Faced Sandwich)

이다: 덴마크는 호밀빵으로 만든 오픈 샌드위치로 유명해요. 사람들은 이 샌드위치를 거의 매일 아침으로도 먹고 점심으로도 먹어요. 샌드위치를 만드는 방법은 수없이 많지만 호밀빵 한 조각은 빠지면 안 돼요.
이 레시피는 상추, 새우, 토마토, 마요네즈로 만든 샌드위치고, 재료의 양은 입맛에 따라 조절하면 돼요. 이외에 추천하고 싶은 다른 조합들도 있어요. 훈제 연어와 크림치즈와 물냉이, 또는 삶은 감자 썬 것과 마요네즈와 차이브, 또는 덴마크 식 미트볼과 절인 비트도 좋아요.

마요네즈 만들기:
중간 크기 둥근 그릇의 밑부분을 젖은 타월로 감싸 그릇이 움직이지 않게 한다. 계란 노른자와 머스터드, 식초, 레몬즙을 넣고 거품기로 저어준다. 그 위로 천천히 일정한 속도로 기름을 부으면서 계속해서 젓는다. 소금과 후추로 간한다.
밀폐 용기에 담아 이틀 동안 냉장 보관할 수 있다.

샌드위치 만들기:
호밀빵 위에 상추를 얹는다. 그 위에 계란, 새우, 토마토, 양파를 얹고 소금과 후추로 간한다. 입맛에 맞게 마요네즈를 적당히 얹은 다음 바로 낸다.

오픈 샌드위치 1개

스위트 비스킷과 버터밀크

비스킷 재료:
중력분 2컵과 2테이블스푼(300g)과 나중에 반죽 밀면서 뿌릴 여분 조금
설탕 ½컵(100g)
베이킹 파우더 2티스푼(6g)
바닐라 빈 ½개를 길이로 잘라 씨를 긁어낸다
무염 버터 7테이블스푼(100g)을 8조각으로 잘라 실온에 둔다
큰 계란 1개
우유 3테이블스푼(45ml)

버터밀크 재료:
큰 계란 6개의 노른자
설탕 ½컵(100g)
바닐라 빈 1개를 길이로 잘라 씨를 긁어낸다
소금
버터밀크 2컵과 1테이블스푼(500ml)
요거트(저지방이 아님) 2컵과 1테이블스푼(470g)
레몬 1개의 껍질은 갈고 나머지는 즙을 낸다

Buttermilk with Sweet Biscuits

이다: 덴마크의 대표적인 여름 음식이에요. 세계의 다른 어느 곳에서도 없는 것으로 알고 있어요. 만드는 데 여러 가지 방법이 있지만 레몬이 들어간 이 레시피가 아침 식사로 먹기에는 최고예요.

비스킷 만들기:
오븐 중간에 오븐망을 놓고 170도로 예열한다. 베이킹 판에 유산지를 깐다.

커다란 그릇에 밀가루, 설탕, 베이킹 파우더, 바닐라 빈을 넣고 거품기로 섞어준다. 그 다음 버터를 더해서 잘 섞일 때까지 저어준다. 작은 그릇에 계란과 우유를 넣고 풀어서 반죽에 섞는다.

깨끗하고 건조한 작업대 위에 밀가루를 조금 뿌린다. 반죽을 꺼내 잘 섞일 때까지 치댄다. 밀가루를 묻힌 밀대를 사용해 반죽을 1cm 두께로 동그랗게 민다. 2cm 원형 쿠키 커터로 비스킷을 찍어낸 다음 유산지를 깔아둔 베이킹 판에 2.5cm 간격을 두고 비스킷을 배열한다.

10분 정도 구운 후에 베이킹 판을 식힘망으로 옮기고 오븐의 온도를 100도로 낮추고 비스킷을 다시 오븐에 넣어 45분 정도 바삭하게 굽는다. 식힘망으로 옮겨 30분 동안 완전히 식힌다.

버터밀크 만들기와 내기:
중간 크기 그릇에 계란 노른자, 설탕, 바닐라 빈, 소금을 넣고 농도가 진해지면서 아주 옅은 미색이 될 때까지 저어준다.
큰 그릇에 버터밀크와 요거트를 넣고 거품기로 저어준다. 계란 혼합물의 ¾과 레몬즙과 껍질의 ¾을 여기 더하고 거품기로 저어준다. 농도와 맛을 봐가면서 남은 계란 혼합물과 레몬즙을 천천히 추가한다.

그릇을 랩으로 싸서 완전히 차가워질 때까지 2시간가량 냉장고에 둔다.

버터밀크 위에 비스킷을 얹어 낸다.

4~6인분

에 베 요 안 슨

{ RETIRED BUSINESSMAN }

코펜하겐에서 수십 마일 벗어나 자갈이 깔린 길을 지나고 작은 농촌 마을을 지나면 농토와 목초지 사이에 은퇴한 사업가인 에베 요안슨의 사유지가 있다. 널찍하게 펼쳐진 그의 땅은 말들과 오델로라는 이름의 개와 자주 찾아오는 손자들과, 물론 에베 자신이 사는 곳이다. 집은 여기 있는 거대한 전체의 일부다. 그의 집은 3개의 큰 헛간으로 둘러싸여 있어 현관문 밖은 큰 앞마당이 된다. 그리고 꽃이 핀 사과나무 아래 오델로가 산다.

헛간 중 하나에 에베는 수영장을 만들었다. 다른 하나에는 파티장이 있다. 에베와 고인이 된 그의 아내는 이 땅이 유토피아는 아니지만—하지만 유토피아처럼 느껴진다—손자들은 물론 어른들까지도 오고 싶어 하는 그런 곳이 되길 꿈꿨다. 증손자까지도 말이다. 그리고 명절날과 특별한 날뿐 아니라 캐주얼한 식사를 위해서도 사람들은 이곳을 찾아온다. 야채를 함께 따고, 말을 타고, 목가적인 아름다움을 감상하기 위해 세계 구석구석에서 찾아오는 것이다.

에베는 우리 모두가 부러워하는 삶을 살고 있다. 그의 세상은 평생에 걸쳐 만든 결과물이다. 소박하게 손님을 맞고, 땅 가까이에서 몸과 마음 모두 열심히 일하는 삶. 그는 거의 예언을 하듯, 땅에서 배우고자 하면 많은 것을 배울 것이라고 말한다. 그리고 우리는 덩굴에서 토마토를 따고 비트를 썰고 식탁 중앙에 놓을 야생화 꽃꽂이를 하기 위해 풀과 꽃을 뽑으며 많은 것을 배웠다. 우리는, 접대란 서로에게 저축하는 것이고, 맛있는 음식이 반드시 복잡한 요리일 필요는 없으며, 목초지에서 말이 풀을 뜯는 풍경은 여름날의 점심 식사에 완벽한 배경이 된다는 것을 배웠다. 우리가 자연과 음식과 친구와 가족들에게 좀 더 관심을 가진다면 배울 것은 너무나도 많다. 에베 같은 사람들에게선 특히.

Ebbe's Summer Menu

덴마크 식 오픈 샌드위치

짙은 색에 향기롭고, 캐러웨이 씨가 점점이 박혀 있는, 갓 구운 덴마크의 호밀빵이 에베가 만드는 샌드위치의 기본이다. 풍부한 맛이 나는 거친 빵 위에 토핑을 겹겹이 얹어 그대로 낸다. 에베가 제일 좋아하는 샌드위치의 조합은 2가지다. 하나는 감자, 마요네즈, 골파를 얹은 것이고, 또 하나는 비트, 마요네즈, 타임을 얹은 것이다. 여기 사용되는 모든 재료는 농장에서 바로 식탁으로 올라온, 가장 정직한 재료들이다. 에베의 밭에서 바로 따온 야채와 허브인 것이다.

토마토소스를 얹은 고등어

이 레시피의 핵심은 신선한 재료, 즉 가장 신선한 생선과 야채를 사용하는 것이다. 굽든 찌든 원하는 방식으로 고등어를 준비하고, 자른 토마토와 양파가 부드러워지도록 올리브오일에 볶아서 간단한 소스를 준비한다. 생선을 자르고 그 위에 소스를 올리고, 식탁 위에는 고운 소금과 웨지 모양으로 자른 레몬을 준비한다. 여기에 필요한 게 있다면 오로지 구하기 쉬운 푸성귀와 로바지(미나리과의 식물—옮긴이)와 이탈리안 파슬리 같은 허브를 얹어 만든 간단한 샐러드 정도다.

모르텐 스벤슨

{ CO-OWNER, WERKSTETTE }

이 동네에는 이런 얘기가 돈다. 모르텐 스벤슨이 저녁 초대를 하면 무조건 가야 한다는. 선약이 있거나 사정이 있어도 가야 하는데 그건 그의 저녁 식사에 가면 절대 실망할 일이 없기 때문이다. 부엌 자체도 볼 만하다. 그의 아파트 구조를 얘기하자면, 모르텐은 벽을 허물고 화장실을 옮겨서 부엌의 작업 공간을 넓혔다. 아마도 코펜하겐에서 가장 훌륭한 개인 부엌일 것이다. 높은 천장에는 냄비와 프라이팬들이 달려 있고, 카운터와 오븐과 싱크대가 부엌 벽 전체를 두르고 있다. 우리는 위를 올려다보았다가 앞을 보았다가 하느라 눈이 바빴다. 아름다운 철제 냄비와 팬과 조리 기구들 속에서, 부엌의 중심은 중앙에 놓인 기다란 식탁이 차지한다. 모르텐은 코펜하겐의 전형적인, 성냥갑 같은 아파트에서도 가능성을 꿰뚫어보고, 그 아파트를 사람들이 모이고, 요리를 하고, 함께 식사를 할 수 있는 장소로 완전히 바꾸어놓은 것이다. 베르크스테트 공동 대표인 그는 남다른 관찰력과 선견지명이 있으며 앞선 사고를 하는 사람이다. 부엌은, 즉 집에서 식사하는 곳은 어떠해야 한다는 선입견에 도전할 준비가 되어 있는 것이다.

이 부엌에는 손님 모두가 썰고, 준비하고, 음식을 담고, 음식을 내는, 모든 과정에 동참할 수 있을 만한 넉넉한 작업 카운터가 있다. 우리는 처음 만난 사람들과 함께 서서 뭘가 도울 준비를 하고 있었다. 커다란 도마 앞에, 싱크대 앞에, 오븐 앞에 헬퍼들이 모여 있으면, 모르텐은 이곳저곳을 옮겨 다니면서 조용히 식사 준비를 지휘한다. 자신의 머릿속에 있는 그림을 실현시키는 것이다. 그림 속에는 음식 준비와 여러 코스로 구성된 긴 저녁 식사, 식후에는 독한 삼부카(아니스 향이 나는 이탈리아의 리큐어 — 옮긴이)와 프렌치 프레스로 만든 커피가 있다. 그동안 긴 양초는 촛대까지 타들어가고 촛농은 식탁 위로 흘러내린다. 우리는 밤이 더 깊어질 때까지 머문다. 가기 싫어서 몸이 안 움직인다. 집 안 구석구석, 음식 하나, 술 한 잔에서도 우리는 모르텐과 식사를 하는 것이 경험 그 자체라는 것을 알 수 있었다. 다시 초대받는 행운을 누릴 수 있다면 선약이 있거나 사정이 있어도 우리는 갈 것이다.

미트볼과 덤플링을 띄운

맑은 소고기 수프

Beef Brisket Broth with Meatballs and Dumplings

덤플링은 수프에 띄워 먹는 완자의 일종으로, 덤플링 레시피는 요리책 《God Mad Let at lave(Good Food, Easy to do)》에서 응용한 것이다.

모르텐: 이 수프는 전통적으로 리크, 당근, 셀러리 뿌리, 미트볼, 덤플링과 함께 먹어요. 요리를 할 때 각자 좋아하는 야채를 더해 넣어도 되고, 빵과 함께 먹으면 가장 맛있습니다.

맑은 수프 재료:

양지머리 고기(3kg)

중간 크기 양파 2개를 껍질을 벗기고 반으로 자른다

통후추 2티스푼(2.6g)

고수 씨 1티스푼(1g)

파슬리 줄기 부분 6가닥

신선한 타임 작은 다발 1개

셀러리 1단의 잎사귀 부분 씻은 것

월계수 잎사귀 2개

소금과 통후추 간 것

맑은 수프 만들기:

커다란 냄비에 양지머리를 넣고 그 위로 5cm쯤 잠기도록 찬물을 붓는다. 반으로 자른 양파, 통후추, 고수 씨를 넣고, 요리용 실로 파슬리 줄기, 타임, 셀러리 잎사귀, 월계수 잎을 묶어서 넣는다. 국물이 끓기 시작하면 바로 중불보다 약한 불로 줄인다. 국물 위에 뜬 기름과 불순물을 걷어내며 고기가 연해질 때까지 4시간가량 끓인다.

양지머리를 건져내어 도마 위에 놓고 식힌 다음, 나중에 쓸 수 있도록 랩으로 싸서 냉장고에 둔다. 100ml 정도 덤플링 삶을 육수를 따로 덜어놓고 나머지는 다시 불에 올린다.

국물에 준비해둔 야채들을 넣고 야채가 익을 때까지 15분 정도 중불에서 끓인다.

야채 재료:

굵게 다진 당근(230g)

셀러리 1줄기를 껍질 벗겨 다진다

큰 리크 3개의 흰 부분만 잘라서 굵게 썬다

미트볼 만들기:

중간 크기 그릇에 돼지고기, 송아지고기, 계란, 밀가루, 소금, 후추 등을 넣고 섞는다. 고기 섞은 것을 2cm 직경으로 동그랗게 빚어 약한 불 위에서 은근히 끓고 있는 국물에 살살 넣는다. 고기가 익을 때까지 5분 정도 끓인다.

미트볼 재료:

돼지고기 간 것(680g)

송아지고기 간 것(680g)

풀어둔 큰 계란 2개

중력분 2테이블스푼(18g)

소금 1티스푼(6g)

통후추 간 것 ¼티스푼

덤플링 재료:
소금 1½티스푼(9g)
녹인 무염 버터 2테이블스푼(30g)
앞에서 만들어둔 소고기 육수(100ml)
큰 계란 3개
중력분 6테이블스푼(60g)

덤플링 만들기:

커다란 냄비에 물 4L와 소금 1티스푼(6g)을 넣고 끓인다. 끓기 시작하면 불을 중불보다 약하게 낮춘다. 다른 큰 그릇에 같은 양의 찬물과 얼음을 넣어 얼음물을 준비한다.

작은 그릇에 버터, 덜어놓은 육수 100ml, 계란, 나머지 소금 3g을 넣고 거품기로 저어준다. 그 위에 밀가루를 넣고 잘 섞이도록 거품기로 저어준다.

1티스푼 계량스푼으로 반죽을 떠서 끓는 물에 넣는다. 덤플링이 다 익어서 떠오를 때까지 3분 정도 익힌다. 익은 덤플링을 건져내어 얼음물에 넣고 완전히 식힌 다음, 구멍 뚫린 숟가락이나 국자로 떠서 페이퍼타월을 깐 접시에 놓아 물기를 뺀다.

내기:

국자로 국물과 미트볼과 야채를 떠서 그릇에 담는다. 덤플링을 넣고 3분 정도 두어 따뜻하게 만든 다음 대접한다.

사진 174쪽 · 10인분

투레 안데르센

{ PHOTOGRAPHER }

투레 안데르센은 물 위에 집을 꾸렸다. 일 년 중 많은 시간을 그린란드 근처에서 카약을 타고 사진을 찍지만 집에 오면 코펜하겐 운하 위에 숨어 있는 하우스보트에서 산다. 그의 하우스보트는 20세기 중반에 운항하던 보트를 개조한 것인데, 투레와 그의 두 아들 로베르트와 칼에게는 집이자 놀이터이기도 하다. 아이들이 그물로 게를 잡거나 보트 옆에서 낚싯줄을 드리우는 걸 보면 물과 친한 것이 틀림없다. 하우스보트는 완전히 개조해서 통풍이 잘 되는 부엌을 만들고, 탁 트인 식당 공간, 보기 좋게 낡은 나무 바닥, 아늑한 책 읽는 구석을 마련했다. 천창을 통해 지는 여름 해가 집을 가득 채운다.

저녁 식사는 앞이 트인 뱃머리에 차려졌다. 우리는 번갈아 해먹을 타고 아이들과 함께 고기를 잡았다. 저녁은 간단했다. 투레의 삶의 방식이 그대로 드러난 것이었다. 그가 가꾸는 정원에서 따온 야채와 집 앞에서 잡은 고기가 재료였다. 투레는, 음식은 재료 그대로의 맛을 간직해야 한다고 말한다. "재료가 좋으면 간단하게 조리해야 해요." 그가 만든 샐러드는 신선한 상추에 트러플 오일과 올리브오일을 뿌리고 얇게 저민 파르메산 치즈와 소금과 후추를 뿌린 것이다. 생선과 고기는 허브로 향을 낸 오일을 발라 직화 그릴에 구웠다. 화려하거나 구하기 힘든 재료를 쓴 게 아니다. 그저 음식이 스스로 맛을 내도록 조리했을 뿐이다.

해가 뉘엿뉘엿 지면서 그 온기도 함께 사라질 무렵, 우리는 식탁 위에 남은 음식 몇 조각까지 모두 먹어치우고 있었다. 우리는 담요를 덮고 스웨터를 입고 계속 실외에서 저녁 식사를 했다. 투레는 우리 앞에 이야기 보따리를 풀었고, 그중에는 카스트로의 사진을 몰래 훔쳐 찍은 것이며 아들을 무릎 위에 앉히고 그린란드에서 카약을 타던 얘기도 있었다. 우리는 화이트 와인이 담긴 와인 잔을 꼭 잡고 식탁 위로 몸을 기울인 채 이야기에 사로잡혔다. 이게 투레가 사는 방식이었다. 그리고 이곳은 모험가인 그가 가정생활 역시 모험처럼 해나가는 장소였다. 하우스보트 위의 삶은 편안하지만 색다른 존재 방식이었고, 육지와 조류와 토양의 자연적인 리듬을 타고 있었다.

Ture's Summer Menu for the Ferry

여름, 짠 공기, 오후의 녹는 듯한 오렌지 빛 태양, 그리고 페리 여행. 풍경은 아름답고 소금기 있는 바람이 식욕을 돋운다. 투레 안데르센은 가족, 친구들과의 식사를 위해서 언제나 신선한 지역 산물을 재료로 사용한다.

어렸을 때부터 투레는 음식에 관심이 있었다. 어른이 되어 스케줄과 시간에 쫓겨도 그는 언제나 음식의 맛을 즐길 시간은 가지려 노력한다. 그 노력은 유기농과 지역 음식을 찾는 일에서 시작된다.

그와 가족들은 야채와 고기를 골고루 먹는다. 게다가 일주일에 두 번 생선을 먹는다. 페리 위에서 직접 잡은 대구와 고등어에, 신선한 푸른 채소와 과일로 금세 만든 샐러드를 곁들여 먹는다. 식사엔 언제나 30년 된 사워도우 발효종과 100퍼센트 호밀을 이용해 집에서 만든 빵이 곁들여진다.

생선: 움푹한 오븐 그릇 한쪽에 제일 좋아하는 생선을 담는다. (투레는 향과 맛과 부드러운 질감이 뛰어난, 스코틀랜드 산 유기농 연어를 추천한다.) 그 위에 올리브오일, 화이트 와인, 소금, 후추, 신선한 허브를 뿌린다. 호일로 그릇을 덮은 다음 20분가량 생선의 표면이 불투명하고 단단해지고, 속은 보슬보슬하고 반투명해질 정도가 되도록 굽는다. 소금을 넉넉하게 넣은 물에 삶은 작은 햇감자를 곁들이고, 신선한 로바지나 이탈리안 파슬리 다진 것을 뿌려서 낸다.

양갈비: 유기농 양갈비에 로즈마리, 천일염, 후추를 뿌려놓는다. 그 위에 올리브오일을 뿌리고 뜨거운 그릴 위에서 앞뒤로 1~2분씩 또는 원하는 정도로 굽는다.
큰 접시 위에 양갈비를 담고 얇게 썬 애호박에 로즈마리 다진 것을 뿌려서 내거나, 또는 소금을 넉넉히 넣은 물에 삶은 작은 햇감자를 곁들이고, 신선한 로바지나 이탈리안 파슬리 다진 것을 뿌려서 낸다.

펜넬을 넣은 간단한 샐러드: 유기농 푸른 채소에 얇게 저민 펜넬을 섞고, 얇게 썬 배, 소금, 후추, 올리브오일과 트러플 오일, 그리고 화이트 발사믹 식초를 넣어 섞어준다. 잘게 찢은 바질 잎과 얇게 저민 스페인 산 만체고 치즈(스페인의 라만차 지방에서 생산된 만체가 양의 젖으로 만든 치즈—옮긴이)를 뿌려 마무리한다. 집에서 만든 빵을 곁들여 낸다.

스티브 맘슨

{ CHEF }

스티브 맘슨은 중요한 직책을 3개 가지고 있다. 아빠, 남편, 그리고 요리사. 성공적인 오너 셰프인 스티브는 주중에 근처 직장에서 사람들에게 새롭고 신선한 점심을 만들어준다. 주말과 저녁에는 집에서 똑같이 중요한 일을 한다. 그의 아내 안나와 아이들인 마커스, 리아와 함께 저녁을 먹는다.

우리는 쌀쌀한 9월 저녁 스티브와 안나의 집에 도착했고, 조숙한 마커스가 더듬거리는 덴마크 어로 인사말을 하면서 우리를 맞아주었다. 우리는 부엌에서 있다가 정원을 거닐고 나서 스티브가 식사를 준비하는 동안 덴마크 완두콩을 간식으로 먹었다. 친구들이 도착했고 가벼운 대화는 진지한 대화로 변해갔다. 밤이 깊어갔고, 새로 만난 사람들이 여러 코스를 먹는 동안 새로운 친구가 되었다.

스티브의 음식은 우리의 몸을 덥혀주었고, 맛있는 냄새는 부엌과 식당을 가득 채웠다. 그의 요리는 독특해서, 중국과 인도, 미국과 덴마크의 맛을 조합

"베이킹할 때를 제외하면, 저는 레시피를 잘 사용하지 않아요. 다른 사람들에게도 레시피에 연연하지 말고 자기만의 요리를 해보라고, 기존의 레시피를 바꾸어보라고 권합니다."

한 것이었다. 그는 호주 사람이고 아내는 덴마크 사람이다. 다른 문화의 사람들이 만나 이룬 여타 가정들처럼, 그의 음식에도 아름다운 문화의 결합이 반영되어 있었다.

2번째 그릇도 싹싹 비우고 나서 우리는 응접실로 자리를 옮겼다. 기다란 촛불과 고급 포트, 그리고 달콤한 덴마크 식 디저트가 우리를 기다리고 있었다. 심지어 이곳의 시간은 더 빠르게 흐르는 듯했다. 흥미진진한 대화와 터져 나오는 웃음소리, 그리고 시가 향과 함께. 이런 훌륭한 저녁이 가능했던 데는 스티브와 안나의 믿음이 있기 때문이다. 영양가 있는 음식과 의미 있는 대화가 사람을 머물게 하고, 만족시키고, 편안하게 한다는.

자정이 되어서야 우리는 그 아늑하고 환상적인 분위기에서 빠져나와 현실로 돌아왔다. 우리는 12시 30분 기차를 타러 시내로 달리면서 맘슨네 집 거실에서 밤새도록 놀고 아침에 차려주는 수북한 계란과 햄을 맛보고 싶다는 생각을 떨칠 수가 없었다. 안나와 스티브의 편안한 대접 덕분에 우리는 모르는 사람으로 왔다가 그들 커뮤니티의 일부가 되어 떠나게 되었다.

"2004년 처음 덴마크에 왔을 때 어윈 라우터바흐라는 셰프 밑에서 일했어요.
그분은 나에게 맛을 가르쳐주었죠. 하나의 음식이 5가지 맛을, 짠맛, 단맛, 쓴맛, 신맛, 감칠맛을
모두 가지고 있어야 한다고 했어요. 예를 들어 크리미한 호박 수프를 만들 때 마지막에 레몬즙을
짜 넣으면 수프의 맛이 다른 차원이 된다는 거죠. 신맛이 느껴지게 하기보다는
레몬의 신맛으로 전체적인 맛을 향상시켜주는 거지요. 소금이 맛을 좋게 하는 것처럼요.
나는 이게 요리에 있어서 굉장히 중요한 가르침이라 생각해요.
다른 재료들이 어떻게 다른 맛을 내는지 배우게 되었고,
레시피를 보지 않고도 새로운 요리를 만들 수 있게 된 거죠."

COPENHAGEN, DENMARK

로메스코소스와

펜넬 크루디테를 얹은 구운 연어

소스 재료:

빨간 피망 4개의 속과 씨를 제거하고 토막낸다

잘 익은 토마토 2개를 웨지 모양으로 썬다

엑스트라 버진 올리브오일 5테이블스푼(75ml)

소금과 통후추 간 것

구운 아몬드 1컵(170g)

셰리 식초나 발사믹 식초 2테이블스푼(30ml)

다진 마늘 1쪽

딜, 이탈리안 파슬리, 차이브, 또는 처빌 같은 허브 다진 것 1테이블스푼(3g)

Grilled Salmon with Romesco Sauce and Fennel Crudités

스티브: 이 조합은 성공작이에요. 스페인의 로메스코소스는 찍어 먹어도 좋고, 샌드위치나 파스타, 어디에 넣어도 좋아요. 펜넬과 사과 크루디테는 요리에 질감과 신선한 맛을 더해주지요.

소스 만들기:

오븐 중간에 오븐망을 놓고 249도로 예열한다.

호일을 깐 베이킹 판에 피망과 토마토를 놓고 올리브오일 3테이블스푼(45ml)을 뿌린다. 소금과 후추로 간한다. 10~15분 정도, 중간에 한 번 뒤적여주면서 피망이 갈색으로 익고 토마토가 부드러워질 때까지 굽는다. 판을 식힘망으로 옮기고 15분 동안 식힌다.

푸드프로세서에 피망과 토마토, 아몬드, 식초, 마늘, 허브, 그리고 올리브오일 2테이블스푼을 넣고 되직해질 때까지 갈아준다. 멈췄다 돌렸다를 짧게 반복해 내용물이 너무 갈리지 않도록 한다. 그다음 소금과 후추로 간한다. 로메스코소스는 이틀 전에 만들어서 밀폐 용기에 넣어 냉장 보관할 수 있다.

연어 재료:

연어(910g)의 껍질은 그대로 두고 6개 필레로 자른다
식용유 2테이블스푼(30ml)
소금과 통후추 간 것

크루디테 재료:

펜넬 구근 1개
사과 1개의 껍질을 벗기고 속을 제거하여 성냥개비처럼 썬다
신선한 딜 다진 것 ¼컵(10g)
즙을 낼 레몬 1개
소금과 통후추 간 것

연어 굽기:

숯불 그릴에 불을 붙이고 숯이 하얗게 탈 때까지 기다린다. 만약 가스 그릴을 사용한다면 강-중불에 맞춘다.

연어 필레에 식용유를 바르고 소금과 후추로 간한다. 연어를 한 면에 2~3분씩 그릴 자국이 생기고 살이 불투명해질 때까지 굽는다.

얇은 금속 뒤집개로 연어를 조심스럽게 접시에 담고, 마르지 않도록 호일로 느슨하게 덮어놓는다.

크루디테를 만들어 함께 내기:

펜넬 줄기를 잘라내고 단단한 심도 자른 후 구근을 0.4cm 두께로 썬다. 채칼을 쓰면 더 좋다. 중간 크기 그릇에 펜넬, 사과, 딜, 레몬즙을 넣고 섞는다. 소금과 후추로 입맛에 맞게 간한다.

6개의 접시에 로메스코소스를 한 스푼씩 가득 담아 깔고, 그 위에 연어를 얹는다. 크루디테와 함께 낸다.

사진 187쪽 · 6인분

COPENHAGEN, DENMARK

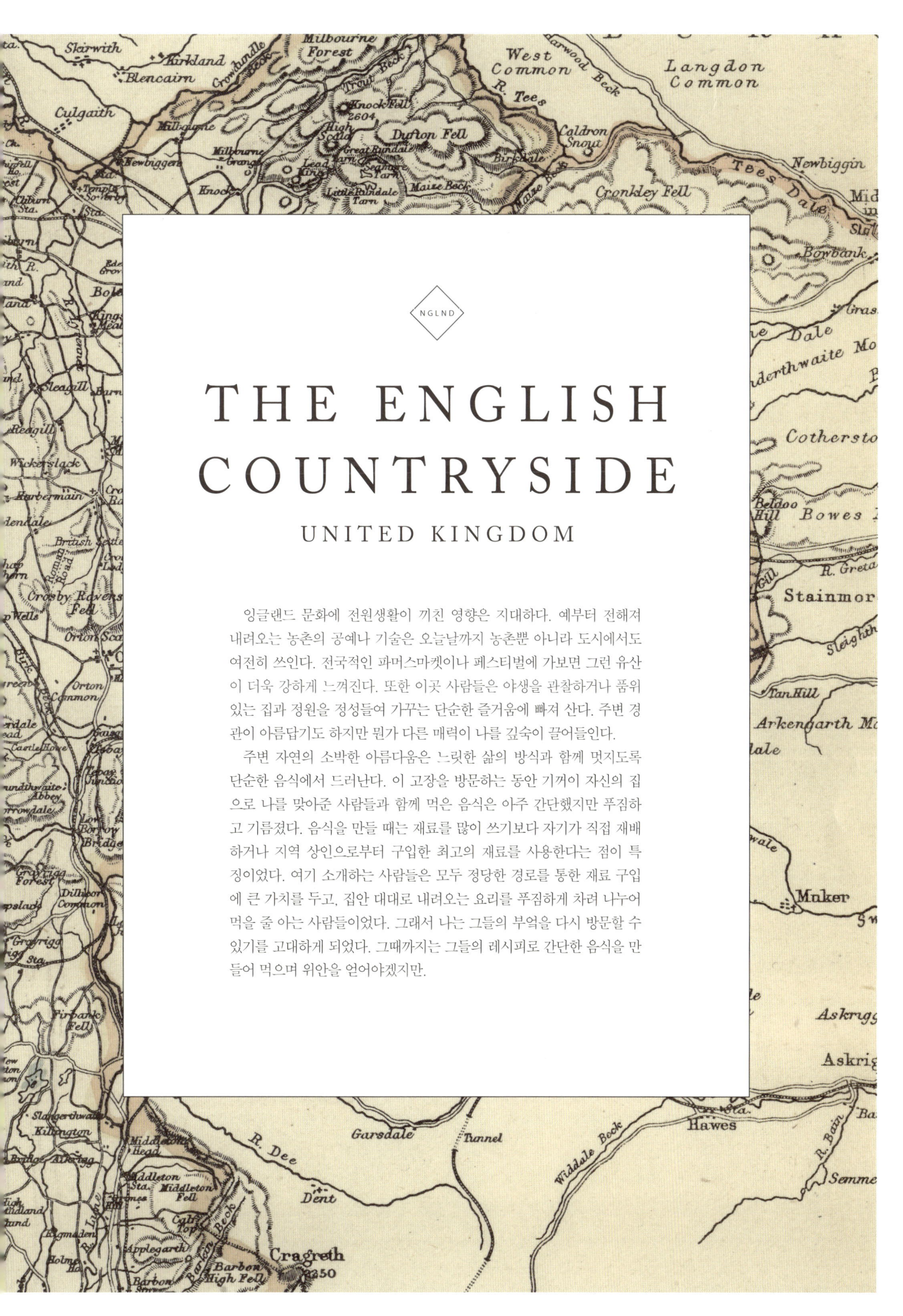

THE ENGLISH COUNTRYSIDE

UNITED KINGDOM

잉글랜드 문화에 전원생활이 끼친 영향은 지대하다. 예부터 전해져 내려오는 농촌의 공예나 기술은 오늘날까지 농촌뿐 아니라 도시에서도 여전히 쓰인다. 전국적인 파머스마켓이나 페스티벌에 가보면 그런 유산이 더욱 강하게 느껴진다. 또한 이곳 사람들은 야생을 관찰하거나 품위 있는 집과 정원을 정성들여 가꾸는 단순한 즐거움에 빠져 산다. 주변 경관이 아름답기도 하지만 뭔가 다른 매력이 나를 깊숙이 끌어들인다.

주변 자연의 소박한 아름다움은 느릿한 삶의 방식과 함께 멋지도록 단순한 음식에서 드러난다. 이 고장을 방문하는 동안 기꺼이 자신의 집으로 나를 맞아준 사람들과 함께 먹은 음식은 아주 간단했지만 푸짐하고 기름졌다. 음식을 만들 때는 재료를 많이 쓰기보다 자기가 직접 재배하거나 지역 상인으로부터 구입한 최고의 재료를 사용한다는 점이 특징이었다. 여기 소개하는 사람들은 모두 정당한 경로를 통한 재료 구입에 큰 가치를 두고, 집안 대대로 내려오는 요리를 푸짐하게 차려 나누어 먹을 줄 아는 사람들이었다. 그래서 나는 그들의 부엌을 다시 방문할 수 있기를 고대하게 되었다. 그때까지는 그들의 레시피로 간단한 음식을 만들어 먹으며 위안을 얻어야겠지만.

샘 와일드

{ RESTAURATEUR }

모든 마을에는 '샘스 키친Sam's Kitchen' 같은 곳이 있어야 한다. 바스의 대표적인 만남의 장소인 샘스 키친은 메뉴가 끝없이 진화한다. 또 그 지역에서 생산된 재료를 쓰고, 장인의 솜씨를 갖춘, 빼놓지 않고 가봐야 하는 장소다. 아늑하고 소박한 레스토랑은 주중에는 점심 영업만 하고 금요일 저녁에는 생음악과 타파스(스페인에서 애피타이저나 스낵으로 먹는 소량의 음식을 일컫는 말. 일반적으로 주류나 음료와 함께 즐기는 음식을 가리킨다-옮긴이)를 제공한다. 따로 앉을 수 있는 테이블은 없지만 기다란 공동 테이블이 있다. 그리고 재료가 떨어지면 문을 닫는다. 이 공간에선 팝업 레스토랑(다른 공간을 빌려 여는 일시적인 레스토랑-옮긴이)이나 저녁 식사 클럽(회원들의 회비로 한 집에서 저녁 식사를 준비해서 먹는데, 돌아가면서 호스트를 한다-옮긴이)을 하기도 하고 개인 파티나 모임에 사용하도록 공간을 빌려주기도 한다.

샘 와일드는 이 동명 레스토랑의 주인으로 느긋하고 편한 성격의 소유자다. 그는 어린 딸 플로렌스와 함께 바스의 고풍스런 타운 하우스에 사는데 쉴 새 없이 온갖 별미와 새로운 레시피들을 집으로 들여온다. 샘은 뛰어난 솜씨로 새로운 요리에 도전하고, 동네 사람들 역시 이 여정에 동참한다.

그가 가족들과 함께 농토를 사서 꾸려온 지는 15년이 넘었다. 이 농장에서 레스토랑에 필요한 재료 대부분을 공급받는다. 그런데 지난 몇 년 전부터는 농장에서 돼지도 기르기 시작해서 레스토랑에서 고기를 가져다 쓸 뿐 아니라 주변 파머스마켓에서도 판매한다. 샘은 이미 농장에서 직접 만든 사과주와 와인을 곁들인 돼지고기 파티 같은 행사를 기획했고, 앞으로도 이곳에서 야심찬 일들을 벌여나갈 것이다.

샘스 키친은 단순한 레스토랑이기보다는 일종의 운동이라고 할 수 있다. 신선한 재료를 고집하는 것으로 다른 레스토랑과 차별화하고 계절의 미세한 변화에 맞추어 요리하는 것을 중시한다. 샘의 음식은, 맛은 풍부하지만 복잡하지 않고, 건강하고 자연적인 음식이지만 진부하지 않다. 도시의 레스토랑이건, 농장이건 샘과 그의 부엌은 가볼 만한 가치가 있다.

Pot Roast Shoulder of Veal with Tuna Sauce

참치소스를 곁들인

구운 송아지 어깨 고기

송아지 고기 재료:

올리브오일 2테이블스푼(30ml)

뼈를 제거하고 돌돌 말아서 실로 묶어 놓은 송아지 어깨 고기 2kg

소금과 통후추 간 것

큰 양파 1개의 껍질을 벗겨 웨지 모양으로 6등분한다

셀러리 1대를 5cm 길이로 자른다

큰 당근 1개의 껍질을 벗겨 5cm 길이로 자른다

드라이 화이트 와인 ¾컵(180ml)

월계수 잎 1장

소스 재료:

오일 베이스의 140g들이 질 좋은 캔 참치를 준비하여 오일은 따라 버린다

삶은 계란 2개의 노른자

소금에 절인 안초비 2마리를 씻어서 물기를 제거한다

신선한 타라곤(사철쑥) 잎 10장

신선한 바질 잎 4장

신선한 민트 잎 4장

타라곤 식초나 화이트 와인 식초 1테이블스푼(15ml)

올리브오일 1테이블스푼(15ml)

레몬 ½개는 즙을 낸다

소금에 절인 케이퍼 1테이블스푼과 1티스푼(20g)은 헹군 다음 물기를 닦는다

소금과 통후추 간 것

송아지 고기 만들기:

오븐 중간에 오븐망을 놓고 170도로 예열한다.

크고 무거운 냄비나 더치 오븐(둥근 무쇠 냄비—옮긴이)에 기름을 두르고 강-중불에 올린다. 기름에서 연기가 나기 시작하면 송아지 고기에 소금과 후추로 간하고 12~15분 동안 고기가 골고루 갈색이 될 때까지 익힌다. 고기를 꺼내 접시에 내놓는다. 냄비에 양파, 당근, 셀러리를 넣고 저어주면서 갈색이 날 때까지 5분 정도 익힌다.

여기에 와인을 넣고 주걱으로 냄비 바닥의 눌어붙은 부분을 긁어준 다음, 와인의 양이 반으로 줄 때까지 끓인다. 송아지 고기를 다시 냄비에 넣고, 고기에서 나온 육즙이 있으면 그 즙도 함께 넣는다. 월계수 잎을 넣고 고기 위로 2.5cm 잠길 정도로 물을 붓는다. 이 혼합물이 끓으면 냄비 뚜껑을 닫고 예열해둔 오븐에 넣어 고기가 부드럽게 익을 때까지 2시간 30분 정도 둔다. 고기를 꺼내 접시에 담고 20분 동안 둔다.

소스 만들기와 요리 내기:

그동안 고기 끓인 물을 체로 걸러서 건더기는 버린다.

푸드프로세서에 참치, 계란 노른자, 안초비, 타라곤, 바질, 민트, 식초, 올리브오일, 레몬즙, 케이퍼의 절반을 넣고 갈아준다. 여기에 고기 끓인 물 1컵(240ml)을 넣고 동작 버튼을 잠깐씩 누르며 돌린다. 필요하면 고기 끓인 물을 부어가며 소스의 농도를 맞춘다. 농도는 되직하게 따를 수 있을 정도가 되어야 한다. 남은 케이퍼를 넣고 소금과 후추로 간한다.

송아지 고기를 얇게 썰어 참치소스와 함께 낸다.

사진 194쪽 · 4~6인분

Roasted Butternut Squash, Urfa Chile, and Buffalo Mozzarella Salad

구운 버터넛 호박

우르파 고춧가루,

물소 젖 모차렐라 샐러드

큰 버터넛 호박 1개를 문질러 닦아 씨를 뺀다

유채씨유 3테이블스푼과 나중에 뿌릴 여분 조금

마늘 2쪽은 껍질을 벗겨 빻아놓는다

우르파 고춧가루 2티스푼(5g)

신선한 타임 2줄기

천일염과 통후추 간 것

물소 젖 모차렐라 1덩이(230g)

아루굴라 또는 어린 시금치 4컵(115g)

*우르파 고춧가루는 터키 우르파 지방에서 난 고추를 말려 빻은 가루이고, 버터넛 호박은 단호박으로 대체 가능하다.

샘: 따뜻하고 푸짐한 이 샐러드는 만들기 간단하고, 그냥 샐러드로 먹어도 되고 한 끼 식사로도 충분해요. 우르파 고춧가루는 너무 맵지 않고 은은한 훈제 향이 나서 샐러드에 풍미를 더하지요.

오븐 중간에 오븐망을 놓고 218도로 예열한다. 33×23cm 베이킹 팬에 유산지를 깐다.

호박을 5cm 두께로 어슷하게 썬다. 썬 호박을 커다란 그릇에 넣고 유채씨유, 마늘, 우르파 고춧가루, 타임을 넣고 섞는다. 소금과 후추로 간한 다음 준비한 베이킹 팬 위에 호박 속이 아래로 가게끔 늘어놓는다.

호박 끝이 갈색이 될 때까지, 하지만 너무 물러지지 않게 20~25분간 굽는다. 식힘망으로 팬을 옮겨 5분간 식힌다.

익은 호박 위에 모차렐라 덩이를 손으로 찢어 아루굴라와 함께 얹는다. 그 위에 유채씨유를 뿌려 가볍게 섞어준다. 입맛에 맞게 소금과 후추로 간해서 낸다.

애피타이저나 사이드 디쉬로 4인분

실바나 드 수와송

{ FOUNDING EDITOR, *THE FOODIE BUGLE* }

영국적인 감성과 이탈리아인의 열정이 만나는 곳에 실바나 드 수와송이 있다. 영국의 인기 있는 온라인 잡지 〈푸디 뷰글the Foodie Bugle〉의 창립 에디터인 실바나의 활기찬 성격은 전염성이 있다. 우리가 찾아갔을 때 그녀는 애완견과 함께 나와 포옹으로 맞아주었다. 그리고는 곧바로 그 지방에서 만든 에일을 내왔다. 빅놀 하우스라 불리는 그녀의 집—잉글랜드의 남동쪽 지방인 윌트셔 주에 있다—은 18세기 중반에 처음 지어졌다. 집의 역사와 위치에 걸맞게 그녀는 전원 속에 낙원 같은 집을 꾸렸다. 집에는 손님들을 위한 장화가 준비되어 있고, 젤리를 만드는 틀도 수십 가지씩 있다.

집의 모든 공간, 구석구석까지 실바나의 터치가 느껴진다. 종이를 오려붙여 장식한 욕실이며 잔뜩 쌓아놓고 쓰는 줄무늬 행주, 파랗고 노란 주전자들까지 모든 것이 시골 별장 스타일이다. 실바나는 집을 가정으로 꾸미는 기술을 마스터한 전문가다. 그녀의 집은 자신과 남편과 딸뿐 아니라 지친 여행자들과 잠시 머무는 손님에게도 푸근한 집이 된다.

실바나는 자주 음식을 좋아하는 친구들과 점심 식사를 하거나 오후 티타임이나 캐주얼한 모임을 갖곤 한다. 그녀는 '간단하고 소박하게, 제철 음식과 지역 음식을 바로 먹자는 건강한 이야기'를 하기 위해 잡지를 창간했다. 〈푸디 뷰글〉은 좋은 글과 함께 전국에서 생산되는 신선한 농산물을 소개하고 이 재료들을 사용해 직접 요리를 만드는 사람들을 소개한다. 그녀는 특유의 리더십과 혜안으로 잉글랜드 음식 문화의 선구자가 되었고, 2012년에는 음식 작가 길드에서 주는 '뉴미디어 상'을 수상했다.

우리는 실바나의 집에서 며칠밖에 못 머물렀지만, 시간만 더 있다면 그녀의 응접실에서 울 양말을 신고 벽난로 불에 발을 쬐며 책 속에 묻혀 겨울을 날 수도 있었을 것이다. 실바나의 목가적인 삶은 매력적이다. 웃어서 더 즐거워지는 삶이다. 이 집을 떠날 때는 고향 집을 떠나는 기분이었다. 언젠가 다시 돌아오리라는 기대와 함께.

Almond and Pistachio Biscuits

아몬드와 피스타치오 비스킷

무염 버터 10테이블스푼(140g)을 실온에 둔다

설탕 ½컵(100g)

중력분 1½컵(210g)을 체에 내리고, 반죽할 때 쓸 여분을 조금 준비한다

껍질을 깐 양념되지 않은 피스타치오 ½컵(60g)을 곱게 간다

껍질을 벗긴 아몬드 ⅓컵(60g)을 곱게 간다

바닐라 빈 1개는 길이대로 잘라 씨를 뺀다

레몬 1개의 껍질에서 노란 부분만 간다 (흰 부분이 들어가면 쓴 맛이 나니 주의한다)

장식용 슈가 파우더 조금

* 스탠드 믹서가 없으면 핸드 믹서를 사용해도 괜찮다.

오븐 중간에 오븐망을 놓고 177도로 예열한다. 오븐판 2개에 유산지를 깔고 버터 2테이블스푼을 바른다.

스탠드 믹서를 중간 속도에 맞추고 남은 버터 8테이블스푼과 설탕을 넣고 혼합물이 가볍게 부풀 정도로 3분간 돌린다. 믹서를 멈추고 밀가루와 피스타치오, 아몬드, 바닐라 빈, 레몬 껍질을 넣는다. 믹서를 낮은 속도에 맞추고 재료가 섞일 정도로만 돌려준다. 그런 다음 손으로 반죽을 긁어모아 한 덩어리가 될 정도로 살짝 뭉친다.

손에 밀가루를 묻히고 반죽을 24개 조각으로 나눈다. 작은 반죽을 하나씩 손 안에 굴려서 동그랗게 만들고 필요하면 밀가루를 묻힌다. 준비한 오븐판 2개에 반죽을 12개씩 2.5cm 간격으로 늘어놓는다.

비스킷이 노릇해질 때까지 15분 정도 굽는다. 판을 식힘망에 옮겨 15분 정도 식힌다. 체를 이용해 비스킷 위에 슈가 파우더를 골고루 뿌린 다음 상에 낸다.

비스킷 24개

로 자 박

{ FOOD WRITER }

바스는 아마도 잉글랜드뿐 아니라 전 세계에서 가장 매력적인 곳일 것이다. 이곳에 즐비한 석조 건물과 조지 왕조 시대의 건축물들은 역사적일 뿐 아니라 미적으로도 아름답다. 작은 도시 중앙에 위치한 로열 크레센트는 타운 하우스와 사무실, 심지어 호텔까지 있는, 거대한 아치 형태의 복합 주거 건물이다. 바로 이곳이 열띤 작가이자 음식에 열광적인 로자 박이 남자친구와 함께 사는 곳이다. 남자친구인 리처드 스테이플턴은 음식 사진작가이자 영화감독이다. 로자 박은 〈시리얼Cereal〉이라고 하는 아주 흥미로운 여행·음식 잡지의 발행인이다. 〈시리얼〉은 레스토랑 운영자들을 찾아가 만나고 완벽한 가을 소풍을 기획하고 잉글랜드의 온갖 차를 시음한다.

한국 서울에서 태어나 캐나다 밴쿠버에서 자란 로자는 평생 여러 곳을 여행해왔다. 여행을 통해 다양한 경험과 교양을 쌓았고, 열린 시각과 외향적인 성격을 갖게 되었다. 그녀는 작가적인 관심으로 대화를 이끈다. 깊은 내용까지 파고들고 때로 날카로운 질문도 하면서 도전적이면서도 건강한 대화를 만들어간다. 이런 재능은 글을 쓰는 데 많은 도움이 되고 리처드와의 관계도 더욱 끈끈하게 해준다. 이들은 바쁜 중에도 좋은 음식을 먹고 차를 마시는 데 시간을 할애한다.

로자는 아버지에게 큰 영향을 받았다. 그녀의 말에 따르면 아버지는 자신이 아는 최고로 요리를 잘하는 사람이라고 한다. 로자는 사 먹는 것보다 스스로 만들어 먹는 것이 언제나 낫다고 얘기하는데, 그 이유는 심지어 '나쁜' 음식이라도 만드는 과정에서 시간과 정성을 쏟아 음식으로 살아나기 때문에 그렇게 나쁠 수 없다는 것이다. 로자는 그녀의 운 좋은 친구들에게 음식을 만들어줄 때나 레스토랑과 관련 인물들에 관해 글을 쓸 때나 우리 삶 안에서 음식이 생생하게 살아나도록 해준다.

Steamed Cod

대구찜

대구 필레 170g
생강 115g의 껍질을 벗기고 성냥개비처럼 0.3cm 두께로 자른다
쪽파 5개를 잘게 썬다
고수 ½컵(15g)과 장식할 여분 조금
간장 2티스푼(10ml)
미림 2티스푼(10ml)
통후추 간 것

쿠킹호일을 대구의 3배 정도 되는 길이로 잘라놓는다. 호일을 3등분해서 아래쪽에 준비한 생강의 절반, 쪽파 절반, 고수 절반을 늘어놓고 그 위에 대구를 놓는다.

남은 생강과 쪽파와 고수로 대구 위를 덮은 다음 그 위에 간장과 미림과 후추를 뿌린다.

호일의 남은 긴 부분을 대구 위로 말아 봉투처럼 접는다. 작은 프라이팬에 호일로 만 대구를 놓고 뚜껑을 덮는다. 팬을 중불에 올려 대구가 익을 때까지 6~8분간 둔다.

조심스럽게 호일을 벗기고 대구와 야채를 접시에 옮겨 담는다. 그 위에 고수 잎을 놓고 밥과 함께 낸다.

1인분

김치 쿠스쿠스

물 2컵(480ml)
소금과 통후추 간 것
올리브오일 2티스푼(10ml)
쿠스쿠스 1컵(170g)
김치 ½컵(170g)을 잘게 썬다
고수

Kimchi Couscous

작은 냄비에 물을 붓고 강-중불에 올려 끓인다. 소금 ½티스푼(3g)과 올리브오일 1티스푼을 넣고 쿠스쿠스를 넣은 다음 뚜껑을 덮고 불에서 내린다. 5분 정도 두었다가 뒤적여준다.

중간 크기 프라이팬에 올리브오일 1티스푼을 넣고 중불에 올린다. 기름이 보글거리기 시작하면 김치를 넣고 3분 정도 볶아준다. 볶은 김치에 쿠스쿠스를 넣고 입맛에 맞게 소금과 후추로 간한다. 2~3분 정도 볶아준다.

고수로 장식하고 뜨거울 때 내거나 실온에 낸다.

2인분

안나와 톰 허버트

{ BAKERY PROPRIETORS }

영국의 요식 업계에서 허버트 가족은 유명하다. 치핑 소드베리에 있는 홉스 하우스 베이커리와 정육점의 주인인 허버트 부부는 빵 굽는 장인 정신을 5대째 이어가고 있고, 그들의 뒤를 이어 6대가 될 자녀들이 기다리고 있다. 가장인 트레버 허버트는 정력적이고 사교적인 사람이고 그의 우아한 아내 폴리와 좋은 짝을 이룬다. 부부는 여섯 남매를 두었고—그중에 훌륭한 제빵사인 톰과 헨리, 그리고 각각의 아내들이 있다—이들은 모두 함께 성실하고 감사에 넘치는 삶을 살고 있다. 때때로 엉뚱하고 기발한 발상으로 빵을 구우면서. 홉스 하우스 왕국은 최근 몇 년간 급격히 성장했다. 텔레비전 방송에서 요리책과 카페에 이르기까지 허버트 가족은 누구나 아는 이름이 되었다. 이 대가족 가운데 안나 허버트는 조용한 축이다. 톰의 아내이자 집안 사업 중 베이커리 부분을 담당하고, 활발한 아이들 4명의 엄마이기도 한 안나는 이 모든 일을 힘들이지 않고 하는 것처럼 보인다. 톰이 책 홍보 여행과 요리 대회 심사와 방송 녹화로 바쁠 때, 안나는 집과 아이들을 보살피고 그날그날 가족을 위한 식사를 준비한다. 어느 해 그녀는 가족과 친구들에게 줄 크리스마스 선물을 모두 지역 산물로 하겠다는 결심을 하였고, 이제는 가족들이 먹는 모든 음식까지 지역 산물로 하고 있다.

안나와 톰의 아이들은 모두 전문가처럼 빵을 구울 수 있지만 부엌에만 있기엔 모험심으로 가득해서 사워도우 빵을 한 덩이 굽고 나면 바로 나무에 기어오르곤 한다. 아이들의 삶은 즐거운 모험으로 가득하다. 이 가족에겐 뭔가 특별한 것이 있다. 이런 아우라는 가족들이 한 곳에 모여 있으면 특히 강렬해진다. 서로 얼마나 사랑이 넘쳐흐르고 챙기고 아껴주는지 옆에서 보기만 해도 바로 알 수 있다. 허버트 가족과 함께 있으면 가족의 친밀함을 직접 느끼게 된다. 그리고 그런 느낌이 너무 소중한 나머지 나도 모르게 그 일원이 되고 싶다는 마음이 생긴다.

Breakfast Bread

식빵

우유 ½컵(120ml)을 43~46도로 데운다
물 ½컵(120ml)을 43~46로 데운다
활성 드라이 이스트 1¼티스푼(4g)
강력분 3⅓컵(550g)
꿀 2테이블스푼(50g)
버터 2테이블스푼(30g)은 실온에 두어 부드럽게 만든다
천일염
큰 계란 1개를 실온에 둔다
빵 위에 바를 큰 계란 노른자 1개

23×13cm 크기의 식빵 팬에 유산지를 깐다. 식빵 팬 바깥쪽으로 접히도록 넉넉하게 깐다.

작은 그릇에 우유, 물, 이스트를 넣고 섞어준다. 이스트가 살아나 기포가 생길 때까지 10분 정도 둔다.

큰 그릇에 강력분, 꿀, 버터, 소금 2티스푼(12g), 계란 1개를 넣고 잘 섞어준 다음 아까 준비한 이스트 혼합물을 섞는다.

반죽에 탄성이 생기고 손에 거의 묻어나지 않을 때까지 15분 정도 손으로 치댄다. 그릇에 반죽을 옮겨 담고 행주로 덮은 다음 반죽이 2배로 부풀 때까지 1시간 정도 따뜻하고 바람이 불지 않는 곳에 둔다.

반죽을 타원형으로 모양을 잡아 준비한 식빵 팬에 넣고 랩으로 덮은 다음 냉장고에 하룻밤 동안 휴지시킨다.

오븐 중간에 오븐망을 놓고 218도로 예열한다.

계란 노른자를 잘 풀어 식빵 반죽 위에 바르고 소금을 조금 뿌려준다. 오븐에 식빵 팬을 넣고 오븐 안에 물을 스프레이로 뿌려준다. 25~30분 동안 빵이 노릇해질 때까지 굽는다. 식힘망에 옮겨 15분 정도 식힌다. 따뜻할 때 낸다.

note: 오븐 안에 물을 뿌리면 오븐에 습기를 공급해서 빵의 껍질이 너무 빨리 익어서 굳어버리는 것을 막아주기 때문에 빵이 잘 부푼다. 스프레이로 물을 뿌릴 때는 뜨거운 김에 데지 않도록 한 발짝 물러나 조심스럽게 뿌려준다.

빵 1덩이

메어필드 파이

베이컨 4쪽(100g)을 잘게 썬다

잘 익은 토마토 4개의 껍질을 벗겨 잘게 썬다. 또는 다져서 파는 토마토 통조림 680g을 준비한다

오트밀 2테이블스푼(30g)

파슬리 ⅓컵(12g)을 잘게 썬다(다지면 3테이블스푼 정도 된다)

소금과 통후추 간 것

*클로티드 크림은 영국 데본셔 지방에서 유래한 크림으로, 유지방 55%의 아주 진한 맛이 특징이다. 스콘과 잘 어울린다.

Marefield Pie

톰: 메어필드 파이는 수란이나 스크램블 에그, 앞에서 소개한 구워서 버터를 바른 식빵, 디종 머스터드 한 스푼, 그리고 바로 내린 커피와 함께 먹는 것을 강력히 추천합니다.

파이의 이름은 잉글랜드 레스터 근처의 작은 마을에서 따왔어요. 제 조부모께서 거기 사셨는데, 우리 가족이 가면 할아버지께서 만들어주시던 음식이에요. 할아버지는 당신이 만든 모든 음식을 '파이'라고 부르셨는데, 만드시는 음식마다 마치 사인을 하시듯 클로티드 크림을 한 스푼 듬뿍 얹어 내셨지요. 나와 형제들은 결혼식이나 크리스마스 같은 특별한 날 아침에 이 파이를 아침 식사로 만들면서 할아버지 생각을 합니다.

큰 프라이팬을 강-중불에 올리고 베이컨을 3분 정도 바삭해질 때까지 굽는다. 여기 토마토를 넣고 계속 저어주면서 약 3분 동안 토마토가 익을 때까지 볶는다. 오트밀을 넣고 불을 약불로 낮춘 다음 10분 정도 가끔씩 저어주면서 익을 때까지 볶는다.

파슬리를 넣고 소금과 후추로 간한다. 프라이팬에 뚜껑을 덮고 불에서 내려 5분 정도 둔다. 얕은 그릇에 담아서 낸다.

note: 베이컨은 기름이 많은 것으로 고른다. 이 음식은 부드러우면서 조금 질게 만드는 것이 좋다. 너무 되다 싶으면 오트밀을 볶은 다음 1테이블스푼씩 물을 넣어준다.

2인분

카 린   히 버 트

{ RESTAURATEUR }

카린 히버트는 재창조에 일가견이 있다. 남편과 함께 잉글랜드의 사우스롭에 있는 오래된 저택을 산 후 주변 폐가들을 사들였다. 카린은 버려진 주택과 오두막, 헛간들을 차례로 개조하여 없는 게 없는 미식가의 천국으로 만들었다. 향긋한 허브의 이름을 딴 '타임 앳 사우스롭Thyme at Southrop'은, 땅에서 부엌으로, 또 부엌에서 식탁으로 이어지는 전체론적 음식의 경험이라는 카린의 열정을 실현한 곳이다. 중심에 그녀의 집이 있고 주변에는 말과 양과 놓아기르는 닭들이 있는 목초지가 있다. 그리고 개방된 주방과 커다란 식탁, 오두막, 그리고 오래 머물 사람들이 묵는 저택이 있다. 투숙객들은 자연에서 먹을 것을 직접 채취하는 수업을 들을 수도 있고 치즈 만들기를 배울 수도 있다. 시설은 고급스럽지만 주변은 여전히 숲과 초지와 양떼에 둘러싸인 야생 속에 있다.

아내이자 거의 성인이 된 세 자녀의 엄마, 그리고 이 큰 사업체의 소유주이기도 한 카린은 결단력과 차분함의 완벽한 조합이다. 전형적인 영국 여자인 그녀는 암탉들을 잘 보살피는 엄마이면서 초원에서는 명사수이고, 차분한 얼굴과 분별력 있으면서도 친절한 리더십으로 안주인의 위엄을 갖추고 있다.

카린은 예전에 디너 파티를 하면 무슨 음식을 할지 스트레스를 받곤 했다고 한다. 하지만 언젠가부터 걱정하지 않기로 했는데, 왜냐하면 손님들은 언제나 누군가 자신을 위해 요리를 해준다는 사실에 고마워하기 때문이라고 한다. 이 사실을 통해 우리는 좋은 지혜를 얻어가게 되었다. 손님을 대접할 때는 불안하고 소심한 태도가 아니라 감사하고 겸손한 태도로 하면 된다는 것.

"일요일 점심은 우리 집 전통이에요. 모두들 집에 모여 가족 만찬을 함께 준비하죠.
개를 데리고 나가 산책시키고, 닭들을 가서 보고 먹이를 주고,
달걀을 모으고, 채소를 거두고, 식탁을 장식할 꽃을 따거나 해요.
가장 좋을 때는 다른 가족들이 놀러 와서 온 가족이 다 모였을 때지요.
서로 도와서 다 같이 요리를 해요.
다정하고 창조적이고 사교적이고 느긋하게 시간을 보내는 방법이에요."
—카린 히버트

로즈마리 포카치아

유기농 강력분 2⅓컵(400g)과 나중에
뿌릴 여분 조금
소금 1티스푼(8g) 수북하게
이스트 2¼티스푼(7.5g)
물 1¼컵(300ml)
올리브오일 ⅓컵과 1테이블스푼
(100ml)
신선한 로즈마리 한 줌을 굵게 다진다
맬든 소금
*맬든 소금은 잉글랜드 에섹스 지방의 맬든
에서 만들어지는 결정체 모양의 천일염

Quick Rosemary Focaccia

큰 그릇에 밀가루, 소금, 이스트를 넣고 섞어준다. 물을 넣고 섞어 대충 한 덩어리 반죽을 만든다. 스탠드 믹서에 반죽을 넣은 다음 중간 속도로 반죽에 탄성이 생기고 약간 끈적거릴 때까지 6분 정도 돌려준다. 행주로 반죽을 덮은 다음 따뜻하고 바람이 불지 않는 곳에 1시간 정도, 반죽이 2배로 부풀 때까지 둔다.

오븐 중간에 오븐망을 놓고 218도로 예열한다.

손으로 부푼 반죽을 꾹꾹 눌러 가스를 뺀 다음 반죽을 반으로 자른다. 깨끗하고 건조한 작업대에 밀가루를 살짝 뿌리고 5cm 두께로 반죽을 밀어준다. 오븐 판이나 피자 팬에 준비한 올리브오일의 절반을 발라준다. 반죽을 준비된 팬에 담은 다음 손가락으로 자국이 나도록 표면을 눌러준다. 그 위에 남은 올리브오일을 바르고 로즈마리와 맬든 소금을 뿌린다. 나머지 반죽으로도 이 과정을 반복한다.

행주로 반죽을 덮고 따뜻하고 바람이 불지 않는 곳에 15분 정도 반죽이 부풀도록 둔다. 오븐에 반죽을 넣고 12~15분 동안 노릇해질 때까지 굽는다. 식힘망으로 옮겨 10분 정도 식힌 후 낸다.

사진 222쪽 · 포카치아 2개

Rosemary and Anchovy Sauce

로즈마리와 안초비소스

신선한 로즈마리 1다발에서 딴
잎을 잘게 다진다(15g)

소금에 절인 안초비 필레 12개를
씻어서 물기를 닦는다

마늘 2쪽의 껍질을 벗긴다

레몬 1개의 즙을 짜고 껍질은 간다

엑스트라 버진 올리브오일 ¾컵과
1테이블스푼(200ml)

카린: 이건 아주 정확한 레시피라고 할 수 없어요. 각자 입맛에 맞게 올리브오일이나 레몬즙을 더 넣어도 돼요. 이 소스는 구운 고기, 생선, 야채와 함께 먹기에도 좋고, 빵을 찍어 먹기에도 좋아요.

절구에 로즈마리, 안초비, 마늘, 레몬 껍질을 넣고 페이스트가 될 때까지 절굿공이로 빻아준다. 또는 푸드프로세서를 펄스에 맞추고 페이스트가 될 때까지 조금씩 돌려도 된다.

여기에 레몬즙을 넣고 잘 섞어준다. 올리브오일을 천천히 부어주면서 세게 젓는다. 바로 낸다.

1컵

멜과 톰 캘버

{ SALON OWNER AND CHEESEMAKER }

멜과 톰 캘버는 따로 있으나 함께 있으나 무척 매력적인 커플이다. 멜은 작은 공예숍 느낌의 미용실을 운영하고 톰은 치즈를 제조하는데, 최근에는 영국의 유명 셰프인 제이미 올리버의 레스토랑에 리코타 치즈를 공급하기로 했다. 이들이 함께 일을 하면 엄청나게 창조적이고, 손님을 맞을 때는 탁월한 센스를 발휘한다. 그들은 바스에 있는, 폭이 좁지만 천장이 높은 오래된 타운하우스에 산다. 톰은 매일 가족이 운영하는 목장으로 출근하고 멜 역시 그들의 매력적인 집에서 몇 블록 떨어진 곳에 있는 미용실을 운영한다.

손님 대접에 있어 톰과 멜이 공유하는 타고난 센스는 집을 보면 알 수 있다. 부엌 구석에 장작불을 때는 화덕을 만들었고, 지하실 깊숙이에선 사과 와인을 만들고 있다. 긴 시골풍 식탁에는 적어도 12명이 앉을 수 있는데, 종종 자리가 꽉 차는 식사를 한다고 한다. 두 사람 모두 부엌에선 베테랑이다. 멜은 여덟 살 때부터 저녁 파티에 낼 구이 요리를 혼자서 할 수 있었다고 자랑한다. 톰이 만드는 치즈는 완벽한 맛을 내기 위해 여러 해 동안 연구와 실험으로 갈고 닦은 결과다.

일요일 오후 우리가 행복하게 두 사람과 시간을 보낼 때, 그들은 앙고스투라 비터스(칵테일에 쓴 맛을 낼 때 사용하는 혼합액의 상표명으로 물과 알코올, 허브, 향신료 등을 섞어 만든다—옮긴이)를 넣어 기막힌 진토닉을 만들었다. 톰은 갖가지 치즈를 잘라 맛보게 해주었고 우리는 부드럽게 익은 돼지 뒷다리를 썰었다. 장작불이 있어 부엌은 훈훈했고, 톰과 멜은 잉글랜드에서 사는 얘기를 들려주었다. 멜이 톰의 머리를 잘라주면서 시작한 첫 만남에서 나중에 웰링턴 부츠를 신고 결혼한 얘기까지. 밖에서 보면 잘 보이지 않는 부분까지 그들은 서로 협력하며 삶을 꾸려간다. 이들은 일요일 식사를 함께 준비하는데, 커피와 토스트에 포르토벨로 버섯과 톰이 만든 케어필리 치즈를 얹어 먹는 것 같은 간단하고 멋진 식사다. 그들이 우리에게 대접해준 훌륭한 음식의 조합처럼 멜과 톰은 달콤한 조합이다. 우리는 사랑하는 사람들과 함께하는 모든 일에 대한 열정이 되살아나는 걸 느끼며 그 집을 떠났다.

Lemon Drizzle Cake

레몬 드리즐 케이크

케이크 재료:
논스틱 베이킹 스프레이
무염 버터 21테이블스푼(300g)은 실온에 둔다
설탕 1½컵(300g)
레몬 4개의 껍질의 노란 부분만 간다
바닐라 추출액 ½티스푼(5ml) (또는 바닐라 빈을 길이로 반을 갈라 씨를 긁어 둔다)
큰 계란 6개는 실온에 둔다
베이킹 파우더가 든 밀가루 2컵과 1테이블스푼(300g)
끓는 물 2테이블스푼(30ml)

글레이즈 재료:
설탕 1½컵(300g)
갓 짠 레몬즙 180ml

케이크 만들기:
오븐 중간에 오븐망을 놓고 163도로 예열한다. 23×13cm 크기 식빵 팬에 유산지를 깔고 논스틱 베이킹 스프레이를 뿌린다.

스탠드 믹서의 큰 용기에 버터, 설탕, 레몬 껍질을 넣고 중간 속도로 3분 정도, 혼합물이 가볍게 부풀 정도로 돌려준다. 바닐라 추출액도 넣어준다.

계란을 하나씩 넣으며 완전히 섞이도록 저어준다. 고무 주걱으로 밀가루를 조금씩 떠서 천천히 넣어가며 섞은 다음, 물도 조금씩 넣으며 마저 섞어준다.

반죽을 잘 긁어모아 준비한 팬에 담고 빵에 테스터를 꽂았을 때 아무것도 묻지 않을 때까지 1시간 정도 굽는다. 팬에 빵을 담은 채로 식힘망으로 옮겨 10분 동안 식힌다.

글레이즈와 내기:
그동안 작은 냄비에 설탕과 레몬즙을 넣고 저어준다. 강-중불에 올려 5분 정도 설탕이 완전히 녹을 때까지 저어준다.

케이크를 팬에서 뺀 다음 식힘망에 케이크의 오른쪽이 위로 가게 두고 꼬챙이로 골고루 찔러준다. 그 위에 글레이즈를 뿌리고 1시간 정도 완전히 식게 둔다. 케이크를 잘라서 낸다.

케이크 1개 · 10~12인분

수 지 애 치 슨

{ CHEF }

붐비는 도싯 시내, 눈에 띄지 않는 샛길을 따라 내려가면 딘스 코트가 나무들 뒤에 조용히 자리 잡고 있다. 11세기 중반에 지어진 이 오래된 저택은 브론테 자매나 제인 오스틴이 묘사했을 법한 스타일의 건물이다. 담쟁이가 높은 벽돌 벽을 올라가다 현관문 주위를 감고 있다. 발밑에선 아주 오래된 마루가 삐걱거린다. 이 집에 사는 주인은 윌리엄과 앨리 해넘으로, 관리인, 가정부, 정원사, 요리사 등 여덟 명의 고용인들과 함께 지낸다. 딘스 코트는 윌리엄과 앨리가 사는 집이자 집 이상의 공간이다. 각종 행사를 할 수 있는 모임의 장소이고, 배우고 싶은 사람들에게는 학교이며, 여기 들어오는 모든 사람들에게 일종의 오아시스다. 해넘 부부는 정원 가꾸는 일과 양봉 기술을 가르치는 수업을 한다. 가끔씩 티룸을 운영하고 정원을 결혼식 장소로 임대하기도 한다. 농가 두 채―이름이 사과와 자두인데, 이 집에선 각각 사과 과수원과 자두 과수원이 내려다보인다―는 개보수를 해서 방문객들이 머물면서 딘스 코트의 일상을 체험할 수 있도록 만들었다. 이곳의 삶은 실제로 예스럽다. 부엌에선 뒤뜰에서 키운 닭을 잡아 음식을 하고 널찍한 정원에서 자란 야채를 따서 먹는다. 이곳의 일상은 조용하다. 저택을 포함한 부지를 한 바퀴 산책하면 생기가 솟는다. 예의를 갖춘 손님 접대가 자연스럽고, 역사가 살아 있어 현재를 더욱 풍성하게 하는 그런 곳이다. 딘스 코트는 우리가 자칫 잃어버릴 수 있는 예전 삶의 방식을 찍은 스냅 사진 같은 곳이다.
수지 애치슨은 우리가 방문하기 불과 몇 달 전에 이곳에 헤드 셰프로 왔다. 그녀는 그동안의 오랜 훈련과 경험을 이 오래된 저택의 생활에 적용시키며 리듬과 안정을 찾아가고 있다. 수지는 매일 이 집의 모든 사람들이 먹을 음식을 요리하고, 모두들 한가족처럼 둘러 앉아 함께 식사한다. 점심은 공식적인 다이닝룸이 아니라 부엌에 붙어 있는 아늑한 방에서 먹는다. 방은 아늑하지만 길고 높은 창문과 그보다 더 높은 천장이 있고 벽에는 사진과 장식품들이 걸려 있다. 수지는 집에서 먹는 것 같은 소박한 음식, 감자와 키쉬와 사과 케이크를 준비해주었다. 이 집 사람들은 각자 집에 얽힌 이야기들을 들려주었는데, 이야기들이 너무 신기한 나머지 풍부한 상상력이 필요했다. 우리는 이곳의 삶을 그려보았다. 농가에 살면서 장미 덤불의 가지를 쳐주고 수지와 오븐 옆에 앉아 그녀가 한 세계 여행과 온갖 진미의 이야기를 듣는 삶. 슬프게도 우리는 그곳을 떠나야 했지만 딘스 코트는 도싯으로 일 년 내내 찾아오는 손님들을 맞고 있다.

버섯, 토마토,

흰 콩 스튜

올리브오일 1½테이블스푼(22.5ml)

중간 크기 양파 2개를 잘게 썬다

마늘 2쪽을 다진다

말린 타임 1티스푼(5g)

펜넬 씨 간 것 1티스푼(3g)

마른 세이지 조금

크레미니 버섯 340g을 다듬어 4등분한다

닭고기 육수 ¼컵(60ml)은 집에서 만들거나 상점에서 산다

통조림에 든 흰 강낭콩 425g을 콩만 건져 씻어둔다.

통조림에 든 다진 토마토와 그 즙 410g

파슬리 ½컵(45g)을 잘게 다진다

소금과 통후추 간 것

파르메산 치즈는 내기 전에 바로 간다

∗ 크레미니 버섯은 베이비 벨라라고도 하는 어린 포르토벨로 버섯

Mushroom, Tomato, and White Bean Stew

크고 무거운 프라이팬에 올리브오일을 두르고 강-중불에 올린다.

기름이 보글거리기 시작하면 양파, 마늘, 타임, 펜넬 씨, 세이지를 넣고 가끔씩 저어주면서 양파가 익어 갈색을 띨 때까지 8분 정도 볶는다.

여기에 버섯과 육수를 붓고 뚜껑을 덮은 다음 5~6분 동안 버섯 즙이 우러날 때까지 끓여준다. 콩, 토마토, 파슬리를 더하고 뚜껑을 덮은 다음 약 중불에 끓여준다. 약 10분 정도 되직하게 될 때까지 끓인다. 입맛에 맞게 소금과 후추로 간한다.

현미나 통밀 파스타 위에 얹어 뜨거울 때 내거나 또는 그릇에 담아 스튜로 낸다. 위에 파르메산 치즈를 갈아서 뿌린다.

4인분

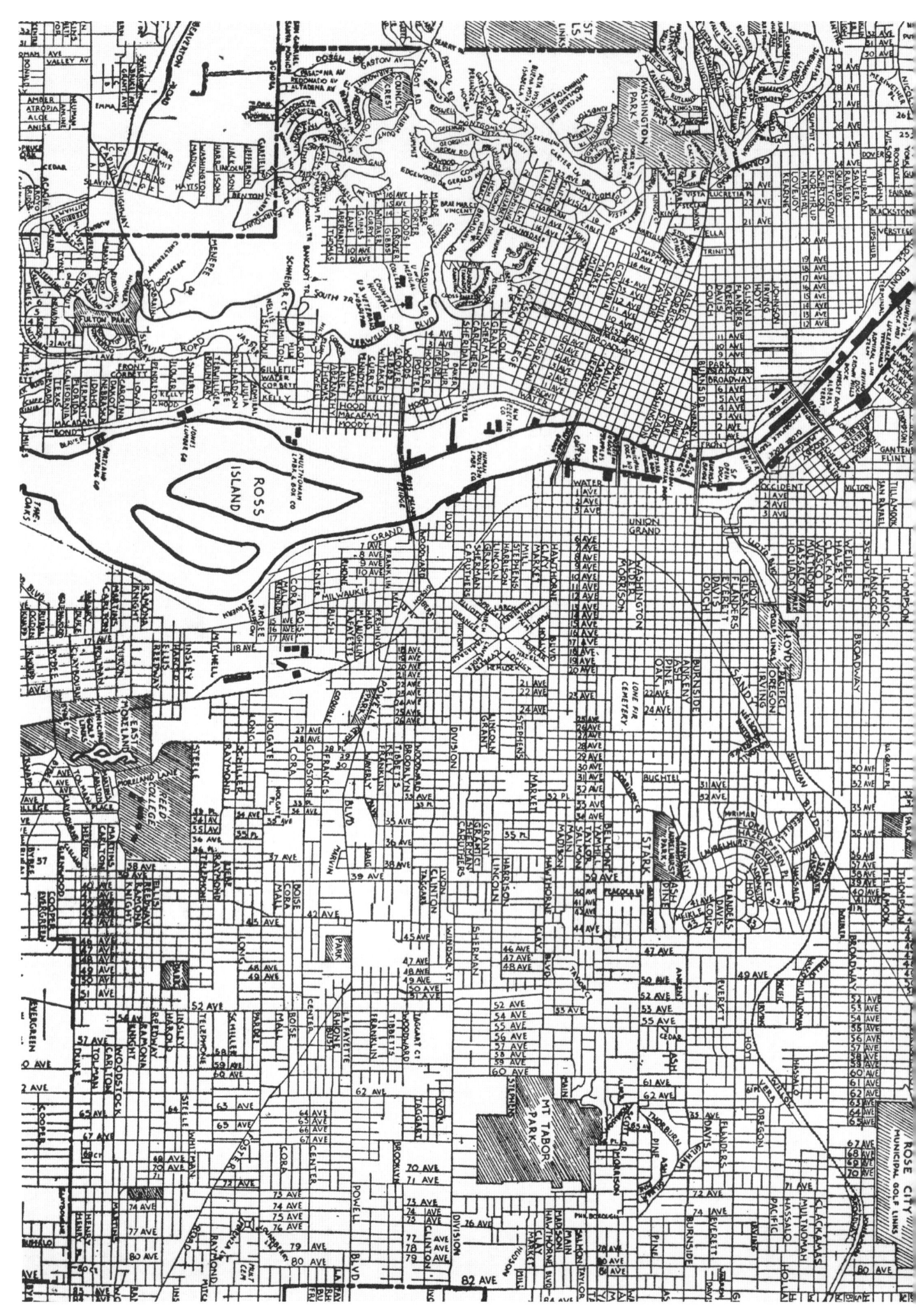

PORTLAND

OREGON, USA

미국 북서부 태평양 연안에 있는 이 보석 같은 곳은 따뜻하고 건조한 여름과 쌀쌀하고 습한 겨울로 알려져 있다. 이런 기후 덕분에 셰프와 음식 전문가들에게는 연안에서 나는 각종 신선한 해산물과 주변 농지에서 나는 농산물을 쉽게 얻을 수 있는 이상적인 장소다. 시장은 찾기 쉽고, 전문적으로 요리를 하는 사람들이나 나 같은 아마추어 모두 1년 내내 신선한 재료를 살 수 있다. 커피 문화가 유명하고 이 지역의 수제 맥주 역시 매우 훌륭해서, 우리 포틀랜드 사람들은 세계 음식 지도 위에 작으나마 한자리를 차지하고 있다고 믿는다.

포틀랜드는 마켓, 카페, 레스토랑, 공예숍 등이 골고루 모여 있어 어떤 종류의 입맛이나 기호도 맞출 수 있는 곳이다. 도시 전체에 고루 흩어져 있는 음식 가판대에서는 어떤 종류, 어떤 나라의 음식도 쉽게 찾을 수 있어 현지인이나 관광객 모두에게 인기가 있다. 음식이 다양한 만큼 사람들도 다양해서 '토요 마켓'이나 '파웰스 북스' 같은 인기 많은 곳에 가면 사람 구경을 하기에 최고다. 이곳 사람들은 소박한 방식으로 친절하다. 길을 건널 때는 손짓만 하면 되고, 자기 애완견을 쓰다듬도록 해주고, 끊어진 자전거 체인을 고쳐주기도 한다. 물론 그럴 때는 집에서 볶은 커피콩을 답례로 받기도 한다.

우리는 이곳에 처음 직원들과 함께 사무실을 차렸는데, 얼마 지나지 않아 우리를 반겨주는 여러 친구들을 만났고 그들 덕분에 이곳을 고향처럼 느낄 수 있었다. 음식 가판대와 마켓들이 포틀랜드의 매력적인 첫인상이었다면, 우리를 오래도록 이곳에 머물게 하는 건—이 책에서 만나게 될 우리의 친한 친구들과 같은—이곳의 사람들이다.

더스티 흄

{ FINANCIAL ANALYST }

더스티 흄은 아침 9시부터 오후 5시까지 사무실에서 주식과 채권의 동향을 분석하고 투자 상담을 한다. 나머지 시간에 포틀랜드 토박이인 그는 오리건 주의 여러 해안을 돌며 시간을 보낸다. 종종 운이 좋은 친구나 가족이 함께 간다. 더스티는 책상과 컴퓨터를 떠나 자연을 즐기지 못하는 많은 사람들과 달리 일과 삶의 균형을 찾아 살아가는 아주 좋은 예다.

그는 직업과 개인 생활 사이에 리듬을 찾는 데 가족과 음식이 매우 중요한 요소라는 것을 잘 알고 있고 그 사실을 실천하며 산다. 더스티는 남동생과 가까이 살고 두 형제 모두 포틀랜드 시외의 멀지 않은 곳에 살고 있는 부모님과 가깝게 지낸다. 거의 주말마다 흄의 가족들은 해안가에 모여 낚시를 하거나 조개나 게를 잡거나 뭘 따러 다닌다. 이들은 열심히 잡은 수확물을 들고 집에 돌아와 만찬이 부럽지 않은 식사를 한다. 함께 일하고 함께 나누어 먹는 것이다. 이 가족은 함께 무엇을 잡고, 같이 굽고, 요리하면서 더욱 친밀해진다.

어느 날 더스티는 풍경이 기가 막힌 오리건의 한 해안가로 우리를 데리고 갔다. 그곳에서 더스티는 바위에 붙은 홍합을 따고, 굴을 따고, 심지어 게까지 몇 마리 잡았다. 저녁 때 그는 야외에서 장작불로 커다란 냄비에 홍합을 요리해주었고, 우리는 굴 껍질이 열릴 때까지 그릴에 굴을 구웠다. 신선한 맛이 입안을 가득 채웠고, 공기에는 레몬 향이 나는 바다 냄새가 가득했다. 이 식사는 전형적인 커뮤니티 활동이었다. 주변 자연에서 바로 얻은 음식을 함께 먹는 것이다.

더스티는 그렇게 주말을 보내는 것이 주중 근무에 활력을 주고 주중에 하는 일 역시 주말에 밖에서 보내는 시간을 더욱 즐겁고 값지게 한다고 굳게 믿는다. 더스티와 함께 시간을 보내고 나니 출근하고 집을 청소하고 시장을 봐야 하는 바쁜 일상 중에도 마음만 먹으면 즐거움을 느낄 수 있는 무언가를 할 수 있다는 생각이 들었다. 그는 일과 놀이가 균형을 이룰 수 있다는 것을 보여주었다. 실제로 누구나 가족과 함께 그렇게 할 수 있을 것이다.

Oysters on the Grill

굴 구이

껍질을 따지 않은 갓 딴 굴
타바스코소스
웨지 모양으로 자른 레몬

더스티: 굴이 메인 요리가 아니라면 한 사람 앞에 2개에서 4개가 돌아갈 수 있도록 하세요. 안 그러면 다들 더 달라고 할 테니까요. 하지만 그릴에 구울 때는 한 번에 10개 정도씩 굽는 것이 좋아요. 그릴 앞에 너무 오래 서있는 걸 원하지 않는다면 말이에요. 그래도 어차피 여러 번 굽게 될지 몰라요.

가스 그릴을 강-중불에 맞춘다.

굴 10개를 볼록한 부분이 아래로 오게 해서 그릴 위에 늘어놓고, 2~3분 정도 굽는다. 굴 껍질이 열리기 시작하면 그릴 장갑을 낀 손으로 굴을 잡고 굴 따는 칼로 살짝 누르면서 껍질을 연다. 껍질 안에 든 굴즙이 흘러나오지 않도록 조심한다. 타바스코소스와 레몬즙을 조금씩 뿌린다.

남은 굴에도 이 과정을 반복한 다음 껍질 속에 있는 굴을 조심해서 자른 후 뒤집어 2~4분 정도 굴이 단단하게 익을 때까지 두었다가 바로 낸다.

Steamed Mussels

홍합 찜

무염 버터 4테이블스푼(60g)
물 2½컵(600ml)
드라이 화이트 와인 1컵(240ml)
레몬 4개의 즙을 낸다.
달콤한 맛이 나는 양파 1개를 다진다
마늘 4쪽을 다진다
파슬리 ½컵(45g)을 다진디
셀러리 2대를 얇게 썬다(원하면)
홍합 40개를 문질러 닦고 수염을 제거한다

더스티: 난 이 요리가 화학 시간처럼 복잡하지 않아서 좋아요. 그냥 국물 맛이 좋아질 때까지 이것저것 넣어보면서 맛보면 돼요.

크고 무거운 냄비를 강-중불에 올리고 버터를 녹인다. 물, 와인, 레몬즙을 넣고 끓인다. 2~3분 정도 와인의 알코올 향이 없어질 때까지 끓이다가 양파, 마늘, 파슬리, 셀러리를 넣는다.

여기 홍합을 넣는다. 홍합이 완전히 잠기지 않으면 물을 더 부어 2.5cm 정도 여유를 두고 잠기도록 한다. 중-약불로 낮추고 뚜껑을 덮은 다음 10~12분 정도 홍합이 입을 열 때까지 끓인다.

4인분

PORTLAND, OREGON, USA

알릴라 다이앤 메닉

{ SINGER / SONGWRITER }

알릴라 다이앤 메닉은 요즘 사람 같지가 않다. 목소리나 행동, 뒤로 빗어 넘긴 머리 모두 몇십 년 전 사람 같다. 여자들이 농가 포치에 앉아 있고 예쁜 버터 그릇을 모으는 풍경이 있던 시대의 여자를 닮았다. 그녀는 곡을 쓰고 노래를 한다. 그녀의 곡은 진정한 포크 음악으로 사람들이 살아가는 이야기를 하고 구체적인 장소에 얽힌 감정을 표현한다. 작사 작곡을 모두 하는 알릴라는 삶의 쓰고 달콤한 맛을 모두 노래하기에 사람들의 마음을 사로잡는다.

투어를 다니거나 녹음 중이거나 통기타로 새 곡을 쓰거나 하지 않을 때는 대개 조용하게 지내는 편이다. 요리를 시작한 지는 얼마 안 되었지만 손님들을 불러 티타임을 갖고 차를 마셔온 지는 꽤 오래되었다. 그녀는 매일 대여섯 잔의 차를 우려 마신다. 노래의 영감이 그런 것처럼, 그녀가 사용하는 음식의 재료 역시 땅에서 온다. 직접 가꾸는 정원과 포틀랜드 근처에 있는 지역 산물을 파는 마켓에서.

이곳에선 비가 왕이다. 땅은 무성하고 영혼은 따뜻하게 하는 푸름 속에 그 풍성함을 쏟아놓는다. 알릴라가 다른 사람 집에서 자고 어두운 콘서트홀에서 노래하는 투어에서 돌아와 진정으로 한숨 돌릴 수 있는 곳이다. 집에서 그녀는 새벽이 되기 전에 일어나 꿀을 넣은 홍차를 마시고 농가로 아침이 서서히 찾아오는 것을 지켜본다. 그리고 우리가 사는 요즘 세상에 할 말을 전하는 자신의 노래에 목소리를 불어넣는다.

Almond-Coconut Granola

아몬드 코코넛 그래놀라

오트밀(베이킹용 납작한 오트밀) 3컵 (300g)

구워서 간을 하지 않은 생 아몬드 1컵 (170g)은 굵게 다진다

아마 씨 ½컵(70g)

단맛을 첨가하지 않은 잘게 썬 코코넛 ½컵(50g)

시나몬 가루 ½티스푼

식용유 ⅓컵(80ml)

꿀 ⅓컵(115g)

갓 짠 오렌지 주스 ¼컵(60ml)

바닐라 추출액 1티스푼(5ml)

알릴라: 좋아하는 것을 뭐든 올려서 먹으면 돼요. 나는 바나나를 얹어 아몬드 밀크를 부어 먹어요. 꿀을 넣은 홍차 한 잔과 함께요. 완벽한 아침 식사예요.

오븐 중간에 오븐망을 놓고 150도로 예열한다.

큰 그릇에 오트밀, 아몬드, 아마 씨, 코코넛, 시나몬을 넣고 잘 저어준다. 중간 크기 그릇에 식용유, 꿀, 오렌지 주스, 바닐라를 넣고 거품기로 저어준다. 식용유 혼합물을 오트밀 혼합물에 넣고 완전히 섞어준다.

오븐판에 그래놀라를 펼쳐놓는다. 15~20분마다 꺼내 뒤적거려주면서 45~60분 정도 그래놀라가 노릇하고 바삭해질 때까지 굽는다. 오븐판을 식힘망에 옮겨 30분 정도 완전히 식힌다. 그래놀라는 실온에서 2주 동안 보관할 수 있고, 얼리면 4주 동안 보관할 수 있다.

6컵(500g)

PORTLAND, OREGON, USA

조이 와
제이 피츠제럴드

{ CALLIGRAPHER AND PHOTOGRAPHER }

조이와 제이 피츠제럴드에게 포틀랜드는 고향이 되었다. 산이 있는 풍경과 창조적인 커뮤니티와 심지어 흐린 날씨에서도 영감을 얻는다. 이들은 여기서 만났고 도시를 함께 다니고 즐기면서 사랑에 빠졌다. 제이는 사진작가로, 역시 사진작가인 그의 형 파커 피츠제럴드의 사업 파트너이기도 하다. 조이는 서예가이자 일러스트레이터다. 두 사람은 친구와 가족과 좋은 음식으로 풍성한 포틀랜드에서 함께 삶을 만들어간다.

조이의 삶과 스타일, 취향은—음식을 포함한 모든 것—모두 그녀의 뿌리인 한국의 전통에서 왔다. 역사와 가족의 과거에서 그토록 영감을 받은 사람이기에 이제는 사라진 예술처럼 보이는 서예에서 직업을 찾은 것이 놀랄 일은 아니다. 손으로 쓴 글씨가 주는 낭만과 그 유산은 조이에게 큰 의미가 있는

"우리 아빠는 간단하면서도 맛있는 음식을 만드는 데 선수셨어요.
오트밀에서 바비큐까지 망치기 힘들 정도로 쉬운 음식을
맛있게 만드는 최고의 방법을 모두 아빠에게 배웠어요.
일요일 아침 교회 가기 전에 아빠는 아이리쉬 오트밀을 한 솥 만드셨는데,
들어갈 재료들을 죽 늘어놓고는 아이들에게 넣으라고 하셨죠.
그때부터 나는 땅콩버터 오트밀을 좋아하게 되었죠."
—제이 피츠제럴드

데, 사진이 제이에게 가지는 의미와 비슷하다. 어느 날 형이 카메라를 한번 잡아보라고 권한 이후 그는 손에서 카메라를 놓은 적이 없다. 렌즈 뒤에서 세상을 보는 선천적인 눈은 아마도 집안 내력인 듯하다.

조이와 제이는 매우 다른 환경에서 자랐지만 부엌에서, 또 식탁에서 영감을 받는 성향을 부모에게서 물려받았다는 점은 똑같다. 조이의 엄마는 있는 재료를 유용하게 사용하는 법과 눈대중으로 재료의 양을 측정하는 법을 가르쳐주었다. 제이의 아빠는 일요일 아침 아이리쉬 오트밀 같은 간단하지만 최고의 요리들을 가르쳐주었다.

두 사람은 음식과 커뮤니티, 그리고 서로간의 믿음에 열정이 있다. 가족에게 영감을 받고, 우정과 음식을 너그럽고 조건 없이 나누려는 열망으로 더욱 단단해진 그들의 결합은 드물고도 귀한 것이다.

땅콩버터, 꿀,

시나몬을 곁들인

오트밀

물 2컵(480ml)
존 맥칸의 스틸 컷 아이리쉬 오트밀
½컵(100g)
땅콩버터 1테이블스푼(15g)
꿀
시나몬 가루

Steel-Cut Irish Oatmeal with Peanut Butter, Honey, and Cinnamon

작은 냄비에 물을 붓고 끓인다. 여기에 오트밀을 넣고 저으면서 끓이다가 되직해지기 시작하면 불을 약불로 낮추고 약 30분 정도 되직할 때까지 가끔씩 저어주면서 끓인다.

그릇에 오트밀을 담은 다음 땅콩버터를 넣고 저어준다. 입맛에 맞게 꿀과 시나몬을 넣는다. 바로 낸다.

1인분

아보카도와 페타 치즈를 얹은

매콤한 계란 프라이

코코넛오일 1티스푼
큰 계란 1개
소금과 통후추 간 것
아보카도 ½개의 씨를 빼고 저민다
페타 치즈를 잘게 부순다
스리라차소스

Spicy Fried Egg Topped with Avocado and Crumbled Feta

작은 프라이팬에 오일을 넣고 중불에 올린다. 기름이 보글거리기 시작하면 계란을 깨뜨려 넣고 소금과 후추로 간한다. 3~6분 정도 계란 흰자가 불투명해질 때까지, 노른자는 취향에 맞춰 익힌다.

접시에 계란을 담고 그 위에 아보카도와 페타 치즈와 입맛에 맞게 스리라차소스를 뿌린다. 바로 낸다.

1인분

회덮밥

Hwe Dup Bap
(Rice Mixed with Sashimi and Greens Topped with Red Pepper Sauce)

소스 재료:

고추장 ½컵(115g)

식초 2테이블스푼(30ml)

설탕 1테이블스푼(13g)

회덮밥 재료:

현미밥 3컵(600g)

깻잎 10장을 채 썬다

어린 잎 채소 1컵(30g)

작은 오이 1개(170g)의 씨를 빼고 채 썬다

방어 회 340g을 0.64cm 두께로 썬다

참기름

소스 만들기:

작은 그릇에 고추장, 식초, 설탕을 넣고 잘 섞어준다.

회덮밥 만들기:

밥을 그릇 2개에 나누어 담는다. 그 위에 깻잎, 어린 잎 채소, 오이, 방어회를 얹는다. 참기름 1테이블스푼과 고추장소스 1테이블스푼(15ml)을 뿌리고, 원하면 더 넣는다. 소스를 옆에 따로 내거나 비벼서 낸다.

2인분

레베카 와
윌 일리 루오마

{ COFFEE ROASTERS/ CAFE PROPRIETORS }

이 커플은 화학자로 착각할 정도다. 레베카와 윌 일리 루오마는 커피 전문가이자 완벽주의를 자처하는 로스터들이다. 이들은 최신 테크놀로지와 가장 기본적인 기술을 함께 사용해서 거의 완벽한 한 잔의 커피를 만들어낸다. 그들은 2009년 10월, 포틀랜드의 주민들에게 최고의 커피를 제공하겠다는 사명감을 가지고 로스팅 회사를 시작했다. 〈하트Heart〉라는 이름을 가진 이 회사는 레베카와 윌의 커피에 대한, 그리고 커피가 우리 삶에서 차지하는 자리에 대한 열정 어린 확신이 퍼부어진 결정체였다. 그들은 정성과 자신감을 갖고 회사를 운영한다. 훌륭한 커피를 맛보면 그 맛을 전국으로 전파하고 싶은 마음이 꿈틀거리기 때문이다.

이 작은 로스팅 회사는 이제 정확히 그 일을 하고 있다. 레베카와 윌이 로스

"우리는 집에서 뭘 해먹을까 서로 아이디어를 내요.
음식을 하는 것도 재미있고, 다음번에는 어떻게 더 잘 할까
궁리하는 것도 아주 재미있답니다."
—윌 일리 루오마

트한 커피콩은 미국 전역으로 배송되고, 그들이 차린 포틀랜드의 카페에서는 그들의 커피콩으로 만든 커피를 낸다. 3년 만에 이 커플은 멀리서나 가까이서나 사랑받는 한 잔의 커피를 만들 수 있게 된 것이다.

집에 있을 때 레베카와 윌은 주로 부엌에서 요리를 하고 서로에게 영감을 주며 시간을 보낸다. 윌은 핀란드 사람이기 때문에 이들 부부의 음식은 우리에게 만들어준 풀라처럼 그가 자랄 때 먹던, 마음이 편해지는 음식이다. 이 달콤하고 촉촉한 빵은 커피 한 잔과 함께 특히 크리스마스에 특별한 의미를 갖는다. 바쁘고 정신없는 명절에도 단순한 맛과 즐거움을 누릴 수 있다는 것을 알려주는 상징적인 음식인 것이다. 예를 들어 뜨거운 커피 한 잔은 급하게 움직이면서 마실 수 없고, 의미를 두고 천천히 조용하게 마셔야 하는 것이다. 따뜻한 김을 들이쉬며 마시는 과정을 즐기는 것. 이것이 커피 한 잔이 주는 여유다.

Pulla
(Finnish Dessert Bread)

풀라

(핀란드 디저트 빵)

반죽 재료:

생 이스트 50g

우유 2컵과 2½테이블스푼(500ml)을 35도로 데운다

중력분 7컵(1kg)과 나중에 뿌릴 여분 조금

알갱이 설탕 1½컵(300g)

카다몸 씨 1테이블스푼(5g)

소금 1티스푼(6g)

무염 버터 12테이블스푼(170g)을 부드럽게 녹인다

필링 재료:

무염 버터 18테이블스푼(255g)을 실온에 둔다

설탕 1컵(200g)

시나몬 가루 1테이블스푼과 2티스푼(15g)

갓 간 카다몸 가루 1테이블스푼(6g)

큰 계란 1개는 휘저어둔다

우박 설탕

반죽 만들기:

큰 그릇에 이스트와 우유를 넣고 이스트가 완전히 녹을 때까지 저어준다. 밀가루, 설탕, 카다몸, 소금을 넣고 잘 섞어준 다음 버터를 넣는다.

반죽에 탄성이 생기고 약간 끈적거릴 때까지 15분 정도 손으로 반죽한 다음, 스탠드 믹서의 훅에 끼워넣고 8분 정도 돌린다. (믹서가 없으면 손으로 15분 더 반죽해도 된다.)

반죽을 그릇에 옮겨 담고 행주로 덮은 다음 따뜻하고 바람이 불지 않는 곳에 반죽이 2배로 부풀 때까지 1시간 정도 둔다.

필링과 빵 만들기:

반죽이 부푸는 동안 중간 크기 그릇에 버터, 설탕, 시나몬, 카다몸을 넣고 잘 섞어준다.

깨끗하게 건조한 작업대에 밀가루를 얇게 뿌린다. 부푼 반죽을 꺼내 밀가루 묻힌 밀대로 50×38cm의 직사각형 오븐판에 맞도록 0.64cm 두께로 민다. 준비한 필링을 반죽 위에 끝까지 골고루 펴 바른 다음 반죽의 긴 쪽에서 시작해 반죽을 원통형으로 꼭꼭 말아준다. 원통형 반죽을 삼각형 모양으로 16개로 자른다. 삼각형의 꼭대기를 잡아 삼각형의 중심 방향을 향하도록 접어준다. 접은 부분을 꼭 잡아 눌러준다.

오븐판 2개에 유산지를 깔고 한 판에 풀라를 8개씩 5cm 간격으로 늘어놓는다. 그 위를 행주로 덮은 다음 따뜻하고 바람이 불지 않는 곳에 반죽이 2배로 부풀 때까지 1시간 정도 둔다.

오븐 상단과 하단에 오븐망을 놓고 204도로 예열한다. 풀라 위에 풀어놓은 계란을 바르고 우박 설탕을 뿌린다. 10~12분 정도 빵이 노릇해질 때까지 굽는다. 따뜻할 때 낸다.

16개

집에서 내린 커피

커피 19g
정수한 물 270ml를 95도로 데운다

Home-Brewed Coffee

윌: 이 커피를 만들려면 에어로프레스, 에어로프레스 전용 종이 필터, 커피 그라인더(평면형 그라인더만 사용하세요), 온도계, 저울, 그리고 머그잔이 필요해요.

커피를 중간보다 미세하게 간다.

종이 필터를 뜨거운 물에 적신 후 에어로프레스에 커피를 넣는다. 여기에 물을 붓는다. 커피가 필터를 통해 떨어지지 않도록 플런저를 프레스 기 상단에 놓고 2분 정도 둔다.

플런저를 내리고 살살 저어준 다음 천천히 아래로 눌러준다.(30초 정도 시간이 걸린다.)

풀라와 함께 마신다.

1컵

라 일 리 메 시 나

{ FLORIST }

어떤 사람들은 운 좋게도 함께 요리하고 함께 먹는 전통이 있는 곳에서 태어난다. 라일리 메시나가 그중 한 사람이다. 이탈리아계 미국인 대가족의 품에서 자란 그녀는 가장 사랑하는 사람들과 여유 있게 식사하는 소중함을 자연스레 배웠다. 라일리의 가족에게 식사는 하루 중 가장 중요한 일과이고, 식사 시간이 가족들과 함께 보내는 가장 값진 시간이다. 라일리는 현재 포틀랜드에서 가족의 전통을 이어가고 있다. 그녀는 항상 나누어 마실 와인 한 병을 따놓고 사랑하는 사람들과 함께 먹을 음식을 요리한다.

플로리스트인 라일리의 낮 세상은 꽃과 음식의 자연스러운 아름다움으로 가득 차 있다. 어쩌다가 꽃가게에 일자리를 갖게 되어 시작한 일이 이제

> "내가 이탈리아 집안에서 자랄 때부터 항상 간직해왔던 것은
> 음식을 만드는 시간이 그날의 가장 중요한 일부라는 생각이에요.
> 나는 가족과 친구들과 함께 저녁이든 어떤 식사든
> 여유롭게 앉아서 먹는 것을 즐겨요. 그리고 항상 와인 한 병을 따놓고
> 요리를 하는데 모두가 자리에 앉고 나서야 함께 식사를 시작해요."

는 그녀의 인생을 건 열정이 되었다. 2012년 1월 그녀는 〈어바 플로럴Erba Floral〉이라는 꽃가게를 시작했고, 사거나 직접 자연에서 꺾어온 꽃으로 매일 새로운 꽃꽂이를 하기 위해 열중하고 있다. 그녀는 꽃꽂이에 야생의 푸른 고사리류와 색색의 꽃봉오리들을 사용하는데, 꽃과 식물이 자연에서 온 그대로의 모습을 유지하고 있다.

라일리의 집은 식물들과 빈티지 유리그릇과 가족들에게 물려받은 오래된 부엌용품들로 둘러싸인 아름다운 오아시스다. 그녀는 차를 마시고, 퍼즐을 풀고, 저녁을 요리하며 느리게 시간을 보낸다. 화려한 삶보다는 자기 자신과 사랑하는 사람들이 먹을 식사를 준비하고 주변 자연을 즐기는 삶을 선호한다. 가족의 전통에 깊게 뿌리를 두고 있는 그녀는 자기 자신이 누군지, 주변 사람들에게 무엇을 해줄 수 있는지 잘 알고 있고, 달콤하고 너그럽게 나누며 살아간다.

Ciabbottola

치아보톨라

엑스트라 버진 올리브오일 ½컵
(120ml)

흰 양파 4개(455g)를 0.64cm 두께로
썬다

초록색 피망 4개를 0.64cm 두께로
썬다

빨간색 피망 1개를 0.64cm 두께로
썬다

주키니 호박 910g을 0.64cm 두께로
깍둑썰기한다

가지 1개를 0.64cm 두께로 깍둑썰기
한다

큰 토마토 4개를 굵게 다지거나
으깬다

천일염 2티스푼(12g)

큰 계란 4개

신선한 바질은 얇게 채 썬다

파르미지아노 레기아노 또는
페코리노 로마노 치즈를 곱게 간다

라일리: 이탈리아의 몰리즈 지역에서 먹는 치아보톨라는 '배부르게 한다'는 뜻으로, 시골풍 브런치나 점심 식사로 먹어요. 더 푸짐하게 먹으려면 이탈리아 소시지를 추가해도 돼요. 소시지의 껍질을 벗기고 고기만 발라내 양파와 함께 주걱으로 부숴서 볶아주면 돼요.

큰 냄비나 더치 오븐에 올리브오일을 두르고 중불에 올린다.

기름이 보글거리기 시작하면 양파와 초록색, 빨간색 피망을 넣고 양파가 투명해질 때까지 10분 정도 볶는다. 호박, 가지, 토마토, 소금을 넣고 뚜껑을 덮은 다음 약불로 줄인다. 30분 동안 끓인 후 계란을 넣고 완전히 익을 때까지 6분 정도 살살 저어준다.

치아보톨라 위에 바질과 치즈를 뿌려서 낸다.

사진 268쪽 · 4인분

Calamari Linguini

칼라마리 링귀니

비달리아나 단맛이 나는 큰 양파 2개를 다진다

엑스트라 버진 올리브오일 ½컵과 2테이블스푼(150ml)

씻은 칼라마리 455g(2개 반 정도)을 다리까지 1.28cm 너비 원형으로 썬다

천일염

큰 토마토 3개를 굵게 다지거나 으깬다

링귀니 900g

신선한 바질을 다진다

크러시드 레드 페퍼(원하면)

큰 냄비나 더치 오븐에 올리브오일 ½컵과 양파를 넣는다. 양파 위에 칼라마리를 한 층으로 깔고 뚜껑을 덮은 다음 10분 정도 센불에서 끓인다. 여기 소금 1½테이블스푼(21g)을 넣고 15~20분 약불에서 끓이다가 토마토를 넣고 10분 정도 더 익힌다.

큰 냄비에 물을 붓고 소금 1테이블스푼(18g)을 넣은 다음 강-중불에서 끓인다. 파스타를 알 덴테가 될 때까지 10분 정도 삶은 다음(파스타 포장지에는 반드시 몇 분을 삶으라는 표시가 적혀 있는데 그 시간보다 2분 정도 덜 삶으면 된다.) 물을 따라 버리고 남은 올리브오일 2테이블스푼(30ml)을 넣고 비벼준다. 그릇에 담는다.

파스타 위에 칼라마리를 올리고 바질과 크러시드 레드 페퍼를 뿌린다. 오목한 그릇에 담아낸다.

8인분

PORTLAND, OREGON, USA

크리스 시겔과
놀런 칼리쉬

{ ORGANIC FARMERS }

크리스 시겔과 놀런 칼리쉬는 신선하고 건강한 음식 만들기에 일생을 건 친구들이다. 두 사람은 오하이오 주에서 대학을 다닐 때 만났고, 당시 전형적인 대학 기숙사의 대안으로 마련된 자급자족 마을에 살면서 농사를 향한 애정을 발견했다. 그로부터 몇 년 후, 몇 차례 이사 끝에 놀런은 포틀랜드 외곽에 농지를 임차했고, 크리스가 와서 함께 일을 시작했다. 여기서 그들은 웰스 언더그라운드 농장을 세웠고, 유기농 농사를 하고 싶었던 꿈을 실현했다.

최근 몇 년 동안 웰스 언더그라운드 농장은 30개 가정에 CSA(Community-supported agriculture, 커뮤니티 기반 농업) 바구니를 일주일에 한 번씩 제공해왔다. 이 일만으로도 충분히 바쁘지만 크리스와 놀런은 거기서 멈추지 않는다. 놀런은 프리랜서 사진작가면서 농업과 예술과 교육을 아우른 농장 학교의 공동 설립자다. 크리스는 그 지역 라디오 방송을 하면서 '농장에서 아티스트까지'라는 미디어 프로젝트를 설립했다. 이 프로젝트는 투어 중에 있는 아티스트에게 신선하고 건강에 좋은 음식을 제공한다. 이들의 다양한 작업과 관심을 통해 크리스와 놀런이 음식과 예술에 얼마나 깊게 관여하고 있는지를 엿볼 수 있다. 이 사려 깊고 정감 있고 활달한—그리고 엄청나게 열심히 일하는—두 젊은이들은 '경작을 필요로 하는 예술'이라는 교차점에 살고 있다. 땅에서 나오는 음식은 예술에 영감을 주고 상상력에서 나오는 예술은 음식에 영감을 준다.

크리스와 놀런은 먹어야 하는 사람들, 어떻게 먹어야 하는지를 배워야 하는 사람들을 위한 안식처를 만들었다. 그들은 음식을 재배하고 요리하고 저장하고, 또 다른 사람들에게 그 기술을 알려준다. 그들의 부엌은 전형적인 창고이고, 특히 겨울에는 더욱 그렇다. 찬장에는 통조림한 음식과 건조 음식으로 가득 차고 냉동실은 겨울을 날 음식으로 넘쳐난다. 하지만 그들은 이 풍성함을 독차지하지 않고 농장에 찾아온 사람들에게 나누어준다. 방문객들은 농장을 산책하거나 염소랑 놀 수도 있고 그 계절에 나는 음식을 맛볼 수 있다. 기본적으로 크리스와 놀런은 삶에서 가장 커다란 재산을 나누고 있는 것이다. 신선한 음식과 영감을 주는 예술, 창조적인 표현, 이 모두를 모든 사람들이 가까이하고 얻을 수 있는 것으로 만들어주고 있다.

아침 멜론

Morning Melon

집에서 기른 칸탈로프 또는 머스크 멜론 1개
떠먹는 플레인 요거트
꿀

따뜻한 여름 아침, 정원에서 멜론을 따서 반으로 가르고 숟가락으로 씨를 파낸다. 그 안에 요거트(그래놀라를 더해도 된다)를 넣고 위에 꿀을 살살 뿌린다. 햇볕에 앉아서 숟가락으로 떠먹는다.

크리스의 프레시 살사

Chris's Fresh Chunky Salsa

잘 익은 중간 크기 토마토 4개를 잘게 썬다
양파 1개를 잘게 썬다
고수 ½컵(20g)
마늘 3쪽을 다진다
할라피뇨나 세라노 같은 매운 고추 1개의 씨를 빼고 잘게 썬다
식초 1테이블스푼(15ml)
갓 짠 레몬즙 1테이블스푼(15ml)
소금과 통후추 간 것

크리스: 살사에 땅꽈리 husk cherry 같은 신선한 계절 재료를 넣어도 됩니다.

토마토와 양파를 반으로 갈라 절반은 옆에 둔다. 푸드프로세서에 일단 절반 분량의 양파와 토마토, 고수, 마늘, 매운 고추, 식초, 레몬즙을 넣고 너무 곱게 갈리지 않도록 펄스로 돌려준다. 다 다져진 살사에 나머지 토마토와 양파를 넣고 소금과 후추로 간한 다음 낸다.

6컵

PORTLAND, OREGON, USA

앤드류 와
카리사 갈로

{ FILMMAKER AND PHOTOGRAPHER }

이 사랑스러운 커플은 〈킨포크〉 창간 때부터 참여해온 〈킨포크〉의 기둥 같은 존재들이다. 앤드류와 카리사 갈로는 그들이 운영하는 제작사 〈씨 챈트 Sea Chant〉를 통해 〈킨포크〉 영상의 대부분을 제작해왔다. 두 사람의 일은 영화, 사진, 글, 그리고 영상 내러티브의 디자인을 아우른 독창적인 작업을 요한다. 하지만 앤드류와 카리사의 가장 소중한 일은 그들의 딸 리나를 키우고, 가족과 함께 보내는 시간을 갖고, 끊임없이 친구들을 초대해 좋은 음식을 먹는 것이다. 그들의 집은 일종의 피난처 같다. 친구들과 함께 캐주얼한 저녁 식사를 하고 다음 날까지 뒤뜰에서 이웃과 함께 와인을 한잔하게 되는 곳이다. 언뜻 보면 조용한 가족처럼 보이지만 얼마 지나지 않아 이들이 식탁에 둘러앉아 와자지껄 웃으며 저녁을 먹고 부엌에서 춤을 추고 피아노 옆에서 함께 음악을 만드는 사람들이라는 것을 발견하게 된다. 그들의 음악은 계속된다. 나머지 〈킨포크〉 사람들과 완벽한 하모니를 자아내면서.

Vanilla, Lavender, and Earl Grey Chocolate Pudding with Sea Salt

바닐라와 라벤더,

얼 그레이 향이 나는,

천일염을 뿌린 초콜릿 푸딩

얼 그레이 1테이블스푼(4g)

말린 식용 라벤더 꽃잎 1테이블스푼(2g)

끓는 물 ¼컵(60ml)

진한 초콜릿(60~70% 카카오) 300g을 잘게 썬다

바닐라 추출액 2테이블스푼(30ml)

생크림 1컵(240ml)

천일염

많이 달지 않은 휘핑크림

말린 식용 라벤더 꽃잎

차와 라벤더를 끓는 물에 넣고 5분 정도 우린다. 차와 라벤더를 고운체에 걸러 큰 그릇에 우린 물을 내린다. 걸러놓은 찻잎을 꼭 짜서 물을 더 우린 다음 버린다. 여기에 초콜릿과 바닐라를 넣고 초콜릿이 녹기 시작할 때까지 저어준다.

작은 냄비에 생크림을 넣고 강-중불에서 끓인 다음 초콜릿 혼합물에 더해준다. 완전히 녹고 섞일 때까지 저어준다. 소금 1½티스푼(9g)을 넣는다.

이 혼합물을 수플레용 라미킨이나 커피 잔 4~6개에 나누어 담는다. 비닐 랩이 푸딩 표면에 닿도록 싸준 다음 푸딩이 완전히 차가워져 굳을 때까지 냉장고에 2시간 정도 둔다.

낼 때는 위에 휘핑크림을 얹고 말린 라벤더와 소금을 뿌려 낸다.

4~6인분

PORTLAND, OREGON, USA

로 라 다 트

{ PHOTOGRAPHER }

로라 다트는 모습이 보이기 전에 소리부터 들리는 사람이다. 항상 웃기 때문이다. 이런 성격은 이 성공한 사진작가에게 매우 어울리는 모습이고, 그녀의 밝은 기운과 활발한 성격은 쉽게 전염이 된다. 로라는 〈킨포크〉를 창간할 때부터 우리와 함께 일을 해왔다. 그녀가 사진작가로서 자리를 잡은 것은 내슈빌에서였다. 예전엔 남부에서 뮤지션들을 찍고 투어를 함께 다녔지만 지금은 주로 결혼식 등 상업적인 작업들과 편집 작업을 한다. 그녀는 아침에 맛있는 커피를 마시고 편집 작업을 하는 밤에는 좋은 와인을 마신다. 로라는 대부분의 시간을 길 위에서 보내지만 집은 포틀랜드에 있다. 여기서 안식을 취하고 친구들을 만나고 개인적인 작업을 할 시간을 찾는다. 모험과 아름다운 것들, 사람을 향한 로라의 열정은 〈킨포크〉 가족의 중요한 일부다.

매운 아몬드소스를 얹은

고구마 버섯 타코

소스 재료:

커다란 마늘 1통

올리브오일 ½컵(120ml)

소금과 통후추 간 것

얇게 저민 아몬드 ¾컵(150g)

호박씨 ¾컵(85g)

샬롯 1개를 다진다

파프리카 향신료 ¼티스푼

코리앤더 향신료 ¼티스푼

야채 육수 ¼컵(60ml)과 더 필요한 경우 여분 준비

레몬 1개의 껍질의 노란 부분만 강판에 간다

카놀라 오일 ¼컵(60ml)

Sweet Potato-Mushroom Tacos with Spiced Almond Sauce

소스 만들기:

오븐 중간에 오븐망을 놓고 204도로 예열한다. 마늘 한 통을 옆으로 반을 잘라 그 위에 올리브오일 3테이블스푼(45ml)을 뿌리고 자른 면을 소금으로 간한다. 마늘 반 통을 호일에 꼭 싸서 마늘이 익을 때까지 1시간 정도 오븐에 굽는다. 호일에 싼 마늘을 식힘망으로 옮겨둔다.

중간 크기 그릇에 아몬드와 호박씨를 넣고 끓는 물을 2.5cm 잠기게 붓는다. 10분 정도 담가놓았다가 건져낸다.

작은 프라이팬에 올리브오일 1테이블스푼(15ml)을 두르고 강-중불에 올린다. 기름이 보글거리기 시작하면 샬롯, 파프리카, 코리앤더, 소금을 넣고 5분 정도 가끔씩 저어주면서 샬롯이 반투명해질 때까지 익힌다. 샬롯 혼합물을 푸드프로세서에 옮겨 담는다.

오븐에 구운 마늘을 꼭 눌러 껍질에서 뺀 다음 푸드프로세서에 넣는다. 여기에 아몬드, 호박씨, 야채 육수, 레몬 껍질을 넣고 혼합물이 크림처럼 될 때까지 갈아준다. 프로세서를 돌아가게 둔 상태에서 남은 올리브오일 ¼컵(60ml)와 카놀라 오일을 프로세서 뚜껑에 있는 튜브를 통해서 넣고 오일이 완전히 섞일 때까지 계속 돌려준다.

소금과 후추로 간해서 잠시 놓아둔다.

타코 재료:

고구마 2개(620g)는 껍질을 잘 문질러 닦고 1.28cm 크기로 자른다

시나몬 한 꼬집

커민 가루 한 꼬집

카이엔 고춧가루 한 꼬집

올리브오일 ¼컵(60ml)

소금과 통후추 간 것

무염 버터 1테이블스푼(14g)

크레미니 또는 표고버섯 280g을 기둥을 떼고 씻어서 썬다

마늘 3쪽을 다진다

파슬리 1½컵(45g)을 굵게 다진다

지름 15cm 크기 옥수수 토르티야

신선한 고수 잎

호박씨는 굵게 다진다

타코 만들기:

오븐 중간에 오븐망을 놓고 204도로 예열한다.

호일을 깐 오븐판에 고구마를 놓고 시나몬, 커민, 고춧가루를 섞는다. 그 위에 올리브오일 3테이블스푼(45ml)을 뿌리고 소금과 후추로 간한다. 40분 정도 익힌다. 식힘망으로 옮겨 호일을 느슨하게 덮어놓는다.

큰 프라이팬에 버터를 넣고 강-중불에서 녹인다. 올리브오일 1테이블스푼(15ml)과 버섯을 넣고 소금과 후추로 간한다. 버섯에서 물이 나올 때까지 3분 정도 볶는다. 마늘을 넣고 5분 정도 계속 저어주면서 버섯이 노릇해질 때까지 볶는다. 파슬리를 넣어 섞어준 후 불에서 내린다.

토르티야를 가스불에 바로 약 30초씩 앞뒤로 굽는다. 식지 않도록 깨끗한 수건에 싸둔다. 또는 큰 프라이팬을 강-중불에 올리고 약 1분씩 앞뒤로 토르티야가 살짝 바삭하고 따뜻해질 때까지 굽는다.

토르티야에 고구마와 버섯을 놓고 그 위에 고수 잎과 호박씨를 넣어 타코를 만든다. 만들어둔 아몬드소스와 함께 낸다.

사진 285쪽 · 4인분

PORTLAND, OREGON, USA

더그와 페이지 비쇼프

{ ENTREPRENEURS }

더그와 페이지 비쇼프는 〈킨포크〉를 받쳐주는 조용한 힘이다. 부부는 각각 잡지의 배급과 회계를 맡고 있다. 두 사람의 탁월한 업무 능력은 그들과의 우정만큼이나 소중하고, 아들 포터는 〈킨포크〉에서 일하는 친구들 사이에서 가장 인기가 좋은 인물이다. 더그와 페이지는 언제나, 호스트일 때나 손님일 때나 다정하고 너그럽다. 편안한 성격 덕분에 자연스럽고 느긋한 관계가 이루어진다. 그들은 종종 친구들과 함께 소박한 음식을 차려놓고 몇 시간이고 보낸다. 잘 차려진 음식도 즐기지만 그저 스낵을 이것저것 집어먹으면서 편하고 느긋한 시간을 보내기도 한다. 비쇼프 부부는 어떤 모임에 가든 유쾌하게 웃고 음식이 무엇이든 칭찬을 아끼지 않는다. 그들은 서로 애정 표현에 스스럼이 없고 남들과 함께 있으면 언제나 솔선해서 일할 준비가 되어 있어서, 누가 초대하든 최고의 손님이 된다. 밝은 성격 때문이든 능력 때문이든 〈킨포크〉의 하루하루에 꼭 필요한 존재들이다.

Rosemary Garlic Bread

로즈마리 마늘 빵

큰 마늘 1통
엑스트라 버진 올리브오일 ½컵 (120ml)과 여분의 오일
소금
설탕 2티스푼(4.6g)
활성 드라이 이스트 1½티스푼(5.5g)
물 1컵(240ml)을 43도로 데운다
밀가루 3~4컵(510~680g)
다진 로즈마리 2테이블스푼(6g)
말린 오레가노 ½티스푼
통후추 간 것
고운 소금
발사믹 식초

더그와 페이지: 이 빵은 갓 구워 따뜻할 때 제일 좋아하는 올리브오일, 통후추, 발사믹 식초와 함께 내세요.

오븐 중간에 오븐망을 놓고 204도로 예열한다. 마늘을 반으로 잘라 그 위에 올리브오일 3테이블스푼(45ml)을 뿌리고 자른 면을 소금으로 간한다. 마늘 반 통을 호일에 꼭 싸서 마늘이 다 익을 때까지 1시간 정도 오븐에 굽는다. 호일에 싼 마늘을 식힘망에 옮겨 둔다.

큰 그릇에 설탕과 소금 2티스푼(12g)을 넣어 섞는다. 이스트와 물을 넣고 10분 정도 기포가 생길 때까지 둔다. 그 위에 다시 올리브오일 3테이블스푼과 밀가루 3컵(510g)을 넣어 섞는다.

반죽을 깨끗하고 건조한 작업대로 옮겨 반죽에 탄성이 생기고 약간 끈적거릴 때까지 10분 정도 반죽한다.(스탠드 믹서를 사용하는 경우에는 반죽 후크에 끼우고 중간 세기로 6분 정도 반죽에 탄성이 생기고 약간 끈적거릴 때까지 돌려준다.) 반죽이 너무 끈적거리면 밀가루를 2테이블스푼씩 더해주면서 반죽한다.

반죽에 로즈마리 1테이블스푼, 오레가노, 후추 ¼티스푼을 넣고 5분 정도 반죽한다. 익은 마늘을 눌러서 껍질에서 알을 빼고 이를 반죽에 더해 잘 섞일 때까지 1분 정도 반죽한다. 반죽을 동그랗게 만든 다음, 커다란 그릇에 남아 있는 올리브오일 2테이블스푼(30ml)를 바르고 그 안에 반죽을 넣어 기름이 잘 묻도록 여러 번 굴려준다. 비닐 랩으로 그릇을 꼭 덮은 다음 따뜻하고 바람이 통하지 않는 곳에 반죽이 2배로 부풀 때까지 1시간 정도 둔다.

반죽이 부풀면 손으로 눌러 가스를 빼내고 둥근 식빵 모양을 만든 다음 잘 드는 칼로 빵 위에 격자무늬를 새긴다. 오일을 바른 오븐판에 반죽을 놓고 큰 그릇으로 덮은 다음 따뜻하고 바람이 통하지 않는 곳에서 반죽이 2배로 부풀 때까지 1시간 정도 둔다.

오븐을 190도로 예열한다. 반죽에 올리브오일을 얇게 바르고 천일염을 뿌린 다음 남은 로즈마리 1테이블스푼을 뿌려준다. 15분 정도 구운 다음 물뿌리개로 빵에 물을 뿌려주고 15분을 더 굽는다. 오븐의 온도를 218도로 높이고 빵에 물을 다시 뿌려준 다음 빵의 윗부분이 노릇해질 때까지 5분 정도 굽는다.

오븐판을 식힘망에 옮기고 10분 정도 식혀준다. 올리브오일, 발사믹 식초, 후추와 함께 낸다. 이 빵은 만든 날 가장 맛이 좋다.

note: 이 레시피에는 물을 뿌릴 물뿌리개가 필요하다.

빵 1덩어리

줄리 포인터

{ CURATOR }

줄리 포인터는 나직한 목소리를 가진 포틀랜드의 보석이다. 그녀의 집은 소박하고 진정한 손님 초대가 무엇인지 가장 잘 보여주는 장소일 것이다. 줄리 역시 손님을 맞는 일에 타고났다. 그녀는 모임을 부담스럽게도, 복잡하게도 하지 않는다. 자신이 편안하기에 손님도 편안해진다. 그녀는 물 흐르듯 자연스럽게 와인 잔을 채우고 벽난로에 나무를 더 넣고 파이가 다 구워졌는지 체크한다. 그리고 손님들과 주변을 사려 깊게 돌봐서 모임이 진정으로 가깝고 의미 있는 만남이 되도록 해준다.

줄리는 손님 초대와 대접에 타고난 재능을 발휘해 삶을 꾸려나간다. 그녀는 응용 공예와 디자인 학과에서 석사 학위를 받은 후 우리 팀에 자연스럽게 합류하게 되었다. 커뮤니티 이벤트를 기획하고 실행하는 일에 적격인 그녀는 처음에는 주로 미국과 캐나다에서 개최되던 디너 이벤트들을 진행시키는 일로 시작했다. 줄리는 이런 행사의 질적인 측면을 중요시한다. 행사는 그 자체로 인상적이어야 하고, 커뮤니티의 분위기를 살리고, 건강에 좋은 음식 앞에서 의미 있는 대화를 할 수 있도록 안전하면서도 아늑한 공간을 만들어야 한다. 손님 초대는 단순해야 한다는 〈킨포크〉의 생각을 지지하고 후원하는 사람들을 위한 모임을 만들고 이끌어내기 위해 그녀는 지칠 줄 모르고 일한다. 그녀는 〈킨포크〉의 독자들에게 그들이 사는 곳과 가장 가까운 곳에서 개최되는 행사에 참여하도록 권하고, 일을 할 때는 그 지역에 기반한 업체들하고만 일한다. 그 결과 모든 행사는 개최되는 지역의 사람들과 문화를 특징적으로 보여주게 되었다. 초기 저녁 모임들은 좀 두서가 없기도 했지만 이제는 부분보다 합이 큰, 의미 있는 모임으로 거듭났다. 오랜 친구와 새 친구들과 함께 식탁에 둘러앉아 보내는 이런 저녁 식사 시간은 그 지역과 문화를 생생하게 보여주는 스냅 사진 같다.

고구마 사과 샐러드

Sweet Potato-Apple Salad

샐러드 재료:
고구마 1개(310g)의 껍질을 문질러 닦고 0.64cm 두께로 어슷하게 썬다
올리브오일 3테이블스푼(45ml)
메이플 시럽 3테이블스푼(45ml)
시나몬 가루 1티스푼(3g)
고운 소금과 통후추 간 것
양파 ½개를 0.64cm 두께로 썬다

드레싱 재료:
올리브오일 1½테이블스푼(22.5ml)
레몬 ½개를 즙낸다
마늘 1쪽을 다진다
꿀
고운 소금과 통후추 간 것
샐러드용 혼합 야채, 시금치 또는 케일 4컵(115g)
사과 1개의 속을 잘라내고 0.64cm 두께로 썬다
호두(¼컵, 30g)를 굵게 다진다
피칸(¼컵, 30g)을 굵게 다진다
볶은 호박씨 ¼컵(30g)
염소 치즈(170g)를 잘게 부순다

샐러드 준비하기:

오븐 중간에 오븐망을 놓고 190도로 예열한다.

호일을 깐 오븐판에 고구마 썬 것과 올리브오일 2테이블스푼(30ml), 메이플 시럽 2테이블스푼(30ml), 시나몬 가루를 섞어놓는다. 소금과 후추로 간한다.

고구마가 노릇하게 익을 때까지 40분 정도 굽는다. 중간에 한 번 고구마를 뒤집어준다. 오븐판을 식힘망으로 옮기고 15분 정도 식힌다.

그동안 커다란 프라이팬에 남은 올리브오일 1테이블스푼을 두르고 강-중불에 올린다. 기름이 보글거리기 시작하면 양파와 남은 메이플 시럽 1테이블스푼을 넣고 가끔씩 저어주며 시럽이 갈색으로 될 때까지 5~7분 정도 볶아준다.

드레싱과 내기:

작은 그릇에 올리브오일, 레몬즙, 마늘, 꿀 1티스푼(7g)을 넣고 거품기로 저어준다. 입맛에 맞게 소금과 후추로 간하고 필요하면 꿀을 더 넣는다.

샐러드 그릇에 야채, 사과 썬 것, 고구마, 양파, 호두와 피칸, 호박씨, 치즈를 넣고 섞는다. 소금과 후추로 간하고 드레싱을 넣어 섞은 후 낸다.

note: 굽거나 찐 닭고기를 더해주면 더욱 푸짐한 샐러드가 된다. 맛을 좋게 하려면 양파를 볶은 후 닭고기를 넣어 함께 볶아준다. 채식으로 더 푸짐한 샐러드를 원할 때는 익힌 퀴노아와 함께 내면 좋다.

2인분

오트밀 초콜릿 칩 쿠키

Oatmeal Chocol ate Chip Cookies

애니의 오트밀 쿠키 응용

흑설탕 1컵(230g)

설탕 1컵(200g)

유기농 베지터블 쇼트닝 1컵(230g)을 실온에 둔다

바닐라 추출액 1티스푼(5ml)

소금 1티스푼(6g)

베이킹 소다 1티스푼(3g)

큰 계란 2개를 풀어서 실온에 둔다

중력분 1½컵(210g)

오트밀 3컵(300g)

달지 않고 진한 초콜릿 칩 1컵(340g)

큰 그릇에 설탕과 쇼트닝을 넣고 부드럽게 크림처럼 될 때까지 섞는다. 여기에 바닐라, 소금, 베이킹 소다, 계란을 넣고 모두 섞일 정도로만 저어준다.
그 위에 다시 밀가루, 오트밀, 초콜릿 칩을 넣고 섞는다. 그릇에 비닐 랩을 씌우고 반죽이 차가워지고 단단해질 때까지 1시간 정도 냉장고에 넣어둔다.

오븐 중간에 오븐망을 놓고 177도로 예열한다. 오븐판 2개에 유산지를 깐다.
아이스크림 스쿱을 이용하거나 2테이블스푼짜리 계량스푼으로 반죽을 공처럼 떠서 오븐판 위에 2.5cm 간격으로 늘어놓는다. 반죽이 약간 납작해지도록 손가락으로 반죽을 지그시 눌러준다. 중간에 오븐판을 돌려가면서 쿠키의 가장자리가 갈색으로 될 때까지 10~12분 동안 구워준다.

바로 오븐에서 꺼내 쿠키가 판에서 떨어지도록 카운터 위에서 오븐판을 톡톡 두드려준다. 오븐판을 식힘망에 놓고 5분 정도 쿠키를 식힌다. 주걱 또는 뒤집개로 쿠키를 떠서 식힘망에 옮겨 30분 정도 완전히 식힌다. 바로 내거나 진공 용기에 넣으면 3일 동안 보관이 가능하다.

note: 유기농 쇼트닝은 쇼트닝과 버터를 절반씩 섞은 것으로 대체할 수 있다. 쿠키의 질감이 변하게 되니 모두 버터로 대체하지는 말 것. 중력분 ½컵은 통밀가루 ½컵으로 대체 가능하다. 스탠드 믹서를 사용하면 쿠키 반죽의 농도가 달라지므로 반죽은 반드시 손으로 하는 것이 좋다.

쿠키 36개

"내가 단 음식을 좋아하는 건 세상이 다 알아요.
그래서 빵을 굽거나 단 것을 만들 때마다 다른 사람들에게 나누어 주는 게 버릇이 되어버렸죠.
그렇지 않으면 나 혼자 몽땅 즐기는 불상사가 일어나게 될 테니까요!
다행히도 이웃들을 거의 알고 지내는 편이라 아주 가까운 곳에 기꺼이
내 즐거움을 함께 나누려는 사람들이 많이 있답니다.
내 친구 한 명은 나를 두고 한쪽 발을 언제나 꿀통에 담고 있는 새끼 곰이라고 해요.
불행히도 그 비유는 꽤 정확하답니다."
─줄리 포인터

PORTLAND, OREGON, USA

수잰 푸오코

{ JAM MAKER }

수잰 푸오코를 색으로 설명한다면 메이어 레몬의 샛노란 색이나 잘 익은 산딸기의 빨간색일 것이다. 주변의 자연만큼이나 성격이 밝고 화사해서다. 그녀는 〈핑크 슬립 잼Pink Slip Jams〉을 이끄는 쾌활한 영감의 원천이고, 이 인기 폭발의 잼 회사는 그녀의 표현대로 '나체 잼, 신비의 묘약 등등'을 판다. 역사와 전통에 푹 몸을 담고 있는 그녀의 인생과 라이프스타일은 하나로 설명하기 힘들고 특이한 점도 많다.

수잰 푸오코의 갖가지 잼, 처트니, 시럽 등은 할머니가 남긴 레시피에서 나온 것이다. 그 위에 신선한 음식과 농부를 향한 마음을 더했다. 몇 년 전 캘리포니아 버클리에서 포틀랜드 지역으로 이사 온 후 수잰은 캘리포니아에서 일 년 내내 사용하던 오렌지류 과일 대신 북서부에서 많이 나는 베리류를

> "나는 자라나는 우리 아이들을 위해
> 풍성함과 관대함을 보여주는 롤 모델이 되기를 원해요.
> 식탁에 둘러앉아 식사를 할 때나, 정원에서 거둔 음식을 나누어줄 때나,
> 심지어 음식을 만들 때 돕는 것까지도요."

요리에 쓰게 되었다. 그리고 잼 같은 저장 음식에 손을 대기 시작했다. 가장 좋은 유기농 과일과 설탕만을 사용하기 때문에 그녀가 만든 잼에는 진정한 맛과 향이 살아 있다.

수잰은 주중에 학교 간호사로 일한다. 그녀는 그 일이 아이들에게 건강한 식습관을 알려줄 수 있는 좋은 기회라고 믿는다. 학교 일과 잼을 만드는 일 말고도 그녀는 부산스러운 아들 셋을 키우는 엄마기도 하다. 세 아들은 모두 잼의 맛을 보는, 누구나 탐내는 역할을 담당하고 있다. 수잰의 세상은 잼과 아이들로 정신이 없을지 모르지만 가족은 그녀를 지탱하는 기반이다. 자라나는 세대에게 좋은 음식의 중요성을 알려주고자 하는 것이 그녀의 주된 관심사다. 좋은 의도를 가지고 먹고, 요리하고, 재료를 구하는 것을 직접 보여주면서 자라나는 아이들이 엄마의 윤리와 믿음을 따라와 주기를 희망하고 있다.

이삭 경의 어리석음

(매운 사과 처트니)

사과 식초 1컵(240ml)

사과 6개의 껍질을 벗기고 속을
제거한 후 1.28cm 조각으로 자른다
(노트 참조)

황설탕 2컵(455g)

양파 1개를 다진다

말린 크랜베리 또는 노란 건포도 1컵
(142g)(노트 참조)

생강 60g의 껍질을 벗겨서 간다

마늘 3쪽을 다진다

까만 겨자씨 1테이블스푼(10g)

맵지 않은 카레 가루 2티스푼(6g)

소금 1티스푼(6g)

올스파이스 가루 1티스푼(3g)

Sir Isaac's Folly (Spiced Apple Chutney)

큰 냄비에 식초, 사과, 설탕, 양파, 크랜베리, 생강, 마늘을 넣고 강-중불에서 계속 저어주면서 끓인다. 불을 중-약불로 줄이고 30~35분 정도 사과가 다 익을 때까지 가끔씩 저어주면서 끓인다. 여기 겨자씨, 카레 가루, 소금, 올스파이스를 넣고 15분 정도 가끔씩 저어주면서 끓인다.

처트니는 진공 용기에 넣어 냉장고에 두면 3주까지 보관 가능하다. 또는 ½컵(120ml)짜리 살균한 피클 병에 넣어 장기 보존 처리를 하면 1년까지 보관 가능하다.

note: 사과가 산화되는 것을 막으려면 냄비에 식초를 넣고 사과를 썰자마자 넣는다. 말린 크랜베리와 노란 건포도를 섞어서 넣을 수도 있다.

3컵(710ml) 분량

Roasted Pork Loin and Apple Chutney

구운 돼지 안심과

사과 처트니

455~570g짜리 돼지 안심 2덩어리

사과주 ½컵(120ml)

드라이 레드나 화이트 와인 ½컵 (120ml)

이삭 경의 어리석음 사과 처트니 1컵 (240ml)(이전 레시피 참고)

마늘 4쪽을 굵게 다진다

신선한 타임 2테이블스푼(5g)과 장식용 여분

소금과 통후추 간 것

올리브오일 3테이블스푼(45ml)

수잰: 매쉬드 포테이토나 고구마, 배를 넣은 샐러드와 곁들이면 최고의 가을 요리가 된답니다. 게다가 보기도 좋아요!

돼지고기를 씻은 후 페이퍼타월로 물기를 닦는다. 얕은 베이킹 팬에 고기를 놓는다. 사과주, 와인, 처트니, 마늘, 타임을 섞어 고기 위에 붓는다. 팬을 비닐 랩으로 싸고 양념이 배도록 1시간에서 최대 3시간 정도 실온에 둔다.

오븐 중간에 오븐망을 놓고 190도로 예열한다.

고기에서 양념을 걷어내고 (양념은 따로 둔다) 소금과 후추로 간한다. 큰 프라이팬이나 더치 오븐에 올리브오일을 두르고 강-중불에 올린다. 기름에서 연기가 나면 고기를 넣고 6분 정도 골고루 갈색이 날 때까지 익힌다.

따로 둔 양념을 고기 위에 뿌린 다음 고기를 오븐에 넣는다. 20분 정도 가끔씩 양념을 발라주면서 굽다가 제일 두꺼운 곳에 온도계를 찔러보아 63도가 되면 미디엄 정도로 익은 것이다.

고기를 도마로 옮겨 호일로 살짝 덮어놓고 5분 정도 식힌다. 고기를 썰어 베이킹 팬에 피어 있는 국물을 끼얹어 타임 줄기로 장식한 후 낸다.

6인분

THE WANDERING TABLE

이 책에서 우리는 제일 좋아하는 장소들 중 몇 곳을 골라 다루었을 뿐 당연히 모두를 다 싣지는 못했다. 다음에 소개될 장소들도 앞서 소개한 곳들처럼 자세히 다루고 싶었지만 이 책이 꽂힐 책장 공간이나 책 무게를 생각해서 절대 빼놓을 수 없는 몇 사람만 소개하기로 했다. 그 사람들 중에는 캐나다 앨버타에 사는 우리 어머니와 할머니도 있다. 우리는 내 어린 시절 가장 좋아했던 음식의 레시피를 배우기 위해 그곳까지 직접 찾아갔다.

〈킨포크〉를 하면서 가장 좋은 점은 다양한 아티스트와 잡지 일을 했던 여러 사람들의 커뮤니티에게서 늘 따뜻한 환대를 받았다는 것, 그리고 그들의 경험과 다양한 전통으로부터 배움이 있었다는 점을 들 수 있다. 물론 이 책에서 모든 것을 다룰 수는 없었지만 〈킨포크〉가 찾아간 테이블은 우리가 아직 방문하지 못한 여러 도시에서도 함께 나누게 될 것이다. 독자들이 이 책에 실린 이야기들을 읽으며 새로운 레시피를 시도해 보고 친구들을 초대하는, 새롭고 단순한 방법을 찾아가며 '여행하는 식탁'에 함께 자리하게 되었으면 하는 바람이다.

사 라 와
데 이 비 드 윈 워 드

{ FLORIST AND LAW OFFICE MANAGER }
SALT LAKE CITY, UTAH

어딜 보나 사라의 꽃이 있다. 계간으로 발행되는 〈킨포크〉 페이지에도, 실제 저녁 식탁에도 그녀의 꽃꽂이가 있었고, 인터넷 세계에서도 그 이미지들이 퍼져나갔다. 그녀의 꽃꽂이는 대담하고 자연스럽고 눈부시게 아름답다. 그녀 자신을 닮았다. 한마디로 예술품 같아서 감상하는 사람들도 작품을 대하듯 하게 된다.

사라와 데이비드와 아이비 윈워드는 솔트레이크 시티의 캐년 림 지역에 산다. 높은 산과 능선이 보이는 조용한 동네다. 사라의 화원인 〈천 송이의 꿀 Honey of a Thousand Flowers〉는 시내에 있는 작은 가게인데, 결혼식이나 행사만 아니면 사라는 대부분의 시간을 이곳에서 보낸다. 데이비드는 낮에는 변호사 사무실에서 매니저로 일하고 저녁 때는 그림을 그리거나 뜨개질을 하거나 글을 쓰며 하루의 긴장을 푼다. 이들 부부는 자주 친구들을 초대해 몇 시간씩 저녁 식사를 한다. 뒤뜰의 은은한 전구 불빛이 비추는 테이블에 앉아 먹다가 그 옆에 있는 화덕 앞으로 자리를 옮겨 얘기를 계속한다. 사라의 뒤뜰은 돌보지 않은 듯 자연스러우면서도 우아한 멋이 있고, 손님들은 그 안을 산책하며 꽃을 찾는 벌들과 친구가 된다. 데이비드는 밤늦도록 손님들이 편안히 앉아 얘기하며 좋은 시간을 보낼 수 있도록 다정하고 사려 깊게 주변을 살핀다.

데이비드와 사라는 빈티지 그릇과 골동품 그릇을 수집하는데, 하나둘씩 사모은 그릇들이 잘 정리된 캐비닛과 서랍에 진열되어 있다. 그 전체적인 미학은 오랜 시간의 흔적이 보이고, 자연스럽고, 단순하고, 깨끗하다. 사라의 할머니가 사용하던 철제 소스 냄비는 그들이 소중히 여기는 수집품의 좋은 예이다. 냄비는 매일 사용하는데, 한 번도 소스를 태운 적이 없었다고 뿌듯해한다. 이 냄비야말로 전통에 깊이 뿌리를 둔 이 젊은 가족을 잘 말해줄 수 있는 상징과도 같은 물건이다. 음식에 대한 사랑과 사람들과 함께 시간을 보내는 전통을 어린 아이비의 세대까지 전해주고자 하는 부부의 마음이 담겨 있다. 멋진 소스 냄비로 훌륭한 음식을 만들고, 좋은 친구들과 잊을 수 없는 밤들을 함께하는 것이다.

겨울 채소를 곁들인

감자 수프

올리브오일 3테이블스푼(45ml)
양파 1개를 얇게 저민다
야채 육수 6컵(1.4L)
마늘 2쪽을 다진다
빨간 감자 455g을 문질러 씻어
1.28cm 크기로 썬다
신선한 딜 작은 1다발을 굵게 다진다
소금과 통후추 간 것
적근대 잎 3장을 잘게 찢는다
케일 3장을 잘게 찢는다
익혀 찢은 닭고기 2컵(340g)(원하면)
레몬 ½개의 즙을 낸다

Winter Wilted Greens and Potato Soup

큰 냄비나 더치 오븐에 올리브오일 2테이블스푼을 두르고 중불에 올린다. 기름이 보글거리기 시작하면 양파를 넣고 양파가 잘 익도록 육수를 조금씩 넣어주며 양파가 반투명하게 익을 때까지 5분 정도 볶는다. 여기에 마늘을 넣고 1분 정도 마늘 향이 날 때까지 볶는다.

남아 있는 육수와 감자, 딜, 소금 1티스푼(6g), 후추 1티스푼(6g)을 넣고 중-약불에서 감자가 익을 때까지 끓인다.

중간 크기 프라이팬에 남은 올리브오일 1테이블스푼을 두르고 중불에 올린다. 기름이 보글거리기 시작하면 근대와 케일을 넣고 3분 정도 숨이 죽을 때까지 볶아준다. 이를 냄비에 넣는다.

닭고기를 넣을 거라면 이때 넣어 같이 데운다. 소금과 후추로 간한 후 레몬즙을 넣는다. 바로 낸다.

4인분

여름에 나는 노란 호박과

토마토 샐러드

엑스트라 버진 올리브오일
3테이블스푼(45ml)

노랑 호박 3개(680g 정도)를 0.64cm
두께로 길쭉하게 썬다(노트 참조)

신선한 타임 1테이블스푼(3g)

소금과 통후추 간 것

옥수수 1개의 알을 뗀다

래디시 2개를 0.3cm로 두께로 썬다

반으로 썬 방울토마토 3컵(90g)

아루굴라 4컵(115g)

페코리노 로마노 치즈 1컵(60g)을
얇게 민다

발사믹 식초(원하면)

가벼운 샐러드 드레싱(원하면)

Summer Squash and Tomato Salad

큰 프라이팬에 올리브오일 2테이블스푼을 두르고 강-중불에 올린다. 기름이 보글거리기 시작하면 호박을 넣고 살살 볶아주다가 타임을 넣고 소금과 후추로 간하고 3~4분 정도 익힌다. 샐러드 그릇에 호박을 넣는다.

프라이팬에 남은 올리브오일 1테이블스푼을 두르고 강-중불에 올린다. 기름이 보글거리기 시작하면 옥수수를 넣고 소금과 후추로 간하고 가끔씩 저어주면서 3~4분 정도 부드럽고 노릇하게 될 때까지 볶는다. 옥수수를 건져 샐러드 그릇에 넣는다.

샐러드 그릇에 래디시, 토마토, 아루굴라, 치즈를 넣고 살살 섞어준다. 길게 자른 호박이 뭉개지지 않도록 조심한다. 발사믹 식초나 원하는 드레싱을 뿌려서 낸다.

note: 야채를 얇게 써는 데는 만돌린이 좋다. 만돌린이 없을 때는 아주 잘 드는 식칼을 사용한다.

4~6인분

베라 윌리엄즈

{ MOTHER/ HOME COOK }
MAGRATH, ALBERTA, CANADA

베라는 나의 어머니다. 실제로 내 어머니는 전형적인 어머니다. 평생 가족을 돌보며 아무 조건 없이 문을 열어놓았던 집에 어머니의 일생이 펼쳐져 있다. 어머니는 캐나다 앨버타 주에 있는 작은 마을에 살면서, 손자들을 돌보고, 빵을 굽고, 친구들을 초대하고, 텃밭에 심은 야채를 노리는 사슴들과 싸우며 바쁘게 산다. 어머니는 나를 포함한 자식들이 어릴 때부터, 심지어 어른이 된 지금까지도 즐거운 시간을 보내는 집을 꾸려오셨다.

어머니는 항상 '설탕·밀가루·버터'의 전략을 사용하는 데 주저함이 없다. 집에 오는 사람이 누구든 마음과 입맛을 정복할 수 있는 전략이다. 그래서 텃밭에서 갓 따온 야채로 만드는 신선하고 건강에 좋은 음식도 자주 하시지만 부엌에는 항상 따뜻한 쿠키와 수프와 빵이 준비되어 있다. 어머니는 생크림과 버터와 설탕을 쓰는 데 주저하지 않고, 나는 한 번도 그에 대해 불평한 적이 없다.

오늘날까지 어머니는—가까이 사는 자식이나 멀리 사는 자식 모두에게—쿠키를 얇은 종이에 잘 포장해서 소포로 보내주시기 때문에 우리 〈킨포크〉 식구들까지 행복하게 나누어 먹는다. 때로 쿠키가 부서져서 도착하기도 하지만 사랑하는 가족을 위해 쿠키를 싸 보내는 어머니의 정성은 언제나 그대로다. 어머니의 특별 소포는 효과 만점이다. 집에서 기른 자식들보다 많은 사람들로부터 어머니로서 사랑받고 존경받게 되었으니까.

베라의 빵

활성 드라이 이스트 1½테이블스푼
(16.5g)
물 2½컵(600ml)을 45도로 데운다
설탕 ½컵과 ½티스푼(102g)
식용유 3테이블스푼(45ml)
소금 1½티스푼(9g)
중력분 5컵(710g)과 반죽할 때 필요한
여분 조금

Vera's Buns

베라: 오래 전에 이 빵을 완벽하게 만들어보려고 연구를 꽤 했는데, 이제는 내가 '베라의 빵'으로 유명해졌어요. 나를 초대하는 데마다 이 빵을 만들어 갖다달라는 부탁을 해요. 어떻게 만드는지 알고 싶어 하는 사람들을 위해서 강의도 여러 번 했고요. 레시피도 알려주는데, 어떤 친구들은 집에 와서 만드는 과정을 직접 봐도 되냐고 물어요. 가족들이 모이면 '모두가 베라의 빵을 좋아해'라며 농담을 하는데 저는 들을 때마다 기분이 좋아요. 그 기분은 늙지 않더라고요.

작은 그릇에 이스트, 물 ½컵(120ml), 설탕 ½티스푼을 넣어 섞는다. 혼합물에 기포가 생길 때까지 10분 정도 둔다.

스탠드 믹서에 빵 반죽 전용 후크를 끼운 후 믹서 용기에 남은 물 2컵, 설탕 ½컵, 식용유, 소금을 넣고 설탕이 다 녹을 때까지 믹서를 돌려준다. 여기에 밀가루 2컵을 넣고 느린 속도로 섞일 만큼만 돌려준다. 여기에 만들어둔 이스트 혼합물을 넣고 섞일 정도로만 돌려준다.

남은 밀가루 3컵을 ½컵씩 넣어주면서 잘 섞어준다. 믹서의 속도를 중간으로 올리고 6~8분 동안 반죽에 탄성이 생기고 약간 끈적거릴 때까지 반죽한다. 반죽이 용기에서 잘 떨어져야 하는데 그렇지 않으면 밀가루를 한 번에 2테이블스푼(18g)씩 더해준다.

반죽을 둥글게 만들어 다시 그릇에 옮겨 담아 행주로 덮은 다음 따뜻하고 바람이 통하지 않는 곳에서 1시간 정도 반죽이 2배로 부풀 때까지 둔다.

부푼 반죽을 눌러 작업대로 옮긴다. 반죽을 5cm 길이로 자른 후 손바닥에 굴려 공처럼 빚는다. 오븐판 2개에 동그란 반죽을 5cm 간격으로 늘어놓고 깨끗한 행주로 덮은 후 따뜻하고 바람이 통하지 않는 곳에서 1시간 정도 반죽이 2배로 부풀 때까지 둔다.

오븐판을 오븐 상단과 하단에 놓고 오븐을 177도로 예열한다. 20분 정도 빵이 노릇해질 때까지 중간에 오븐판을 돌리며 빵을 굽는다. 오븐판을 식힘망에 옮겨 10분 정도 식힌다. 낸다. 빵은 진공 용기에서 3~4일, 냉동시키면 1개월까지 보관 가능하다. 177도 오븐에서 다시 데우면 된다.

빵 20~24개

아몬드 슈가 쿠키

쿠키 재료:

중력분 6컵(850g)과 나중에 뿌릴 여분 조금
베이킹 파우더 2테이블스푼(6g)
소금 1티스푼(6g)
무염 버터 2컵(455g)를 실온에 둔다
설탕 2컵(400g)
큰 계란 4개
우유 ½컵(120ml)
아몬드 추출액 2티스푼(10ml)

Almond Sugar Cookies

쿠키 만들기:

오븐의 상단과 하단에 오븐망을 놓고 177도로 예열한다.

그릇에 밀가루, 베이킹 파우더, 소금을 넣어 섞고 옆으로 치워둔다.

큰 스탠드 믹서 용기에 버터와 설탕을 넣고 강-중에 속도를 맞춘 다음 2분 정도 혼합물이 가볍게 부풀 때까지 돌린다. 계란을 하나씩 넣으며 넣을 때마다 잘 섞어준다. (볼에 담고 핸드 믹서나 거품기를 이용해도 된다.) 고무 주걱으로 용기 안쪽 주변을 긁어내어 내용물을 모아준다. 액체 계량컵에 우유와 아몬드 추출액을 담는다.

믹서의 속도를 약으로 낮추고 밀가루 혼합물을 우유와 번갈아가며 3번에 나누어 넣는다. 반죽을 두 덩어리로 나누어 각각 비닐 랩에 싼 다음 1시간 정도 완전히 차가워질 때까지 냉장고에 넣어둔다.

깨끗하고 건조한 작업대에 밀가루를 얇게 뿌린다. 반죽을 1덩어리씩 0.63cm 두께로 민다. 쿠키 커터나 물 컵을 이용해 5cm 크기로 반죽을 찍는다. 또는 장식이 있는 쿠키 커터로 반죽을 찍는다.

오븐판이나 쿠키판 2개에 유산지를 깐다. 준비된 판에 3.8cm 간격으로 쿠키를 늘어놓는다. 중간에 판을 돌려주고 바꿔주면서 쿠키의 가장자리가 노릇해질 때까지 8~10분 정도 굽는다. 판을 식힘망에 옮겨 5분 정도 식힌다. 주걱으로 쿠키를 식힘망에 옮겨 1시간 정도 완전히 식힌다.

남은 반죽으로 굽는 과정을 반복한다. 다 식힌 쿠키는 진공 용기에 담아 실온에서 3일 정도, 냉동실에서는 1개월까지 보관 가능하다.

아이싱 재료:

슈가 파우더 3컵(360g)

크림치즈 115g을 실온에 둔다

무염 버터 4테이블스푼(60g)을 실온에 둔다

아몬드 추출액 1티스푼(5ml)

우유는 필요한 만큼 준비

아이싱 만들기:

스탠드 믹서 용기에 슈가 파우더, 크림치즈, 버터, 아몬드 추출액을 넣고 약한 속도로 섞일 때까지 돌려준다. 속도를 중으로 높이고 혼합물이 가볍게 부풀 때까지 3분 정도 돌려준다. 우유를 한 번에 1테이블스푼(15ml)씩 넣어주면서 혼합물이 쿠키 위에 잘 발릴 정도의 점성이 될 때까지 돌려준다.

식힌 쿠키 위에 아이싱을 작은 주걱이나 티스푼으로 발라준다. 10분 정도 두었다가 낸다.

쿠키 80개

앨리스 가오

{ PHOTOGRAPHER }
NEW YORK, NEW YORK

앨리스 가오는 몇 년 전 경제 · 소비자 심리학에서 전업 사진가로 완전히 탈 바꿈한 이후 뒤돌아본 적이 없다. 그녀는 인물에서 음식, 결혼식, 인테리어, 여행까지 다양한 종류의 사진을 찍는데, 어느 사진이나 이야기와 공간이 살아 있다.

앨리스의 사진은 선명하면서도 풍성하고 사진의 색은 따뜻하고 매력적이다. 그녀는 사람의 특징을 날카롭고 명확하게 잡아낸다. 그녀의 정물 사진은 디지털 이미지가 아니라 르네상스 회화를 연상시킨다. 디테일에 집중해서

"나는 언제나 디테일에 매료되었던 것 같아요.
시각적인 이미지나 문학이나 일상의 사물을 볼 때나 모두 같아요.
사진으로 빛과 구도를 다룰 수 있다는 것, 스쳐 지나가는 순간을
불멸의 것으로 만들 수 있다는 점이 너무나 좋아요."

프레임을 잡고 완벽한 사진이 나올 때까지 빛과 구도의 균형을 잡는다. 사진 덕분에 모르는 사람들도 그녀의 세계로 들어올 수 있지만, 그들을 머무르게 하는 것은 앨리스의 따뜻하고 편안한 성격이다. 그녀가 맨해튼의 사우스 스트리트 시포트에 있는 아늑한 아파트에서 진하고 부드러운 커피와 바삭한 스콘을 내오며 우리를 맞았을 때, 그 향과 맛에서 모든 것을 알 수 있었다. 그녀는 부엌에서 베테랑은 아니라고 주장하지만 손님을 진정으로 반기는 태도나 음식을 낼 때의 감각을 보면 섬세하고도 편안하게 손님을 맞는 그녀의 스타일을 쉽게 짐작할 수 있다.

Tea-Smoked Eggs

차 계란

큰 계란 12개
20cm 크기의 정사각형 건조 연잎 2장 (12g)
팔각 3개
시나몬 스틱 1대
간장 2테이블스푼(30ml)
소금 1테이블스푼(18g)

큰 냄비에 계란을 넣고 물을 충분히 부어 5cm 정도 잠기게 한 후 강-중불에 올려 끓이다가 물이 끓으면 1분 정도 둔다. 냄비를 불에서 내리고 계란을 10분 정도 그대로 둔다. 홈이 있는 숟가락으로 계란을 건져내고 물은 그대로 둔다. 숟가락 뒷면으로 계란 껍데기를 전체적으로 살살 두드려 금이 가게 한다.

숟가락을 이용해 연잎 한 장을 냄비 밑에 깐 다음 팔각, 시나몬, 간장, 소금을 넣는다. 계란을 냄비에 다시 넣고 강-중불에 끓이다가 물이 끓으면 약불로 줄이고 45분 정도 끓인다.

물과 계란을 실온이 되도록 식힌 후 냉장고에 최소 8시간 정도 넣어 완전히 차가워지도록 한다. 계란 껍데기를 까서 낸다.

계란 12개

블루베리 스콘

마사 스튜어트의 레시피에서 응용한 것

중력분 2컵(280g)과 나중에 뿌릴 여분 조금
설탕 3테이블스푼(38g)과 나중에 뿌릴 여분 조금
베이킹 파우더 1테이블스푼(9g)
소금 ½티스푼
무염 버터 ¼컵과 2테이블스푼(90g)을 작게 잘라 차갑게 한다.
신선한 블루베리 1컵(160g)
레몬 1개의 껍질을 간다
큰 계란 2개
생크림 ⅓컵(80ml)과 나중에 바를 여분 조금
바닐라 추출액 ½티스푼

Blueberry Scones

오븐 중간에 오븐망을 놓고 204도로 예열한다.

큰 그릇을 놓고 밀가루, 설탕, 베이킹 파우더, 소금을 체에 내린다. 칼 2개를 사용해서 버터를 완두콩만 하게 잘라 밀가루 혼합물 속에 넣는다. 블루베리와 레몬 껍질을 더해 넣는다.

액체 계량컵에 계란을 거품기로 푼 다음 크림과 바닐라를 넣고 거품기로 젓는다.

밀가루 혼합물에 계란 혼합물을 넣고 포크로 섞일 정도로 저어준다. 혼합물이 대강 섞인 정도로 보여야 한다.

깨끗하고 건조한 작업대에 밀가루를 얇게 바른다. 반죽을 꺼내 살짝 뭉친 다음 15cm 정사각형 모양으로 만든다. 반죽을 7.5cm 정사각형 4개로 자른 다음 사각형을 대각선으로 잘라 삼각형 모양 반죽을 8개 만든다.

오븐판에 유산지를 깔고 스콘을 늘어놓는다. 스콘 위에 브러시로 크림을 바르고 설탕을 뿌린다.

스콘 위가 노릇해질 때까지 16~18분 정도 굽는다. 오븐판을 식힘망에 옮겨 5분 정도 식힌다. 따뜻할 때 낸다.

사진 325쪽 · 스콘 8개

아테나 캘더런

{ INTERIOR DESIGNER }
AMAGANSETT, NEW YORK

집을 보러 다닐 때 만약 보러 간 집의 벽에 검은 곰팡이가 피어 있고 방마다 모기가 가득하다면 당장 도망가는 것이 상책일 것이다. 하지만 아테나 캘더런은 다르다. 아무리 열악한 상태의 집이어도 아테나는 그 집의 새로운 모습을 그릴 수 있다. 뉴욕 주 애머갠셋에 있는 캘더런의 집은 인테리어 디자이너로서 그녀의 상상력과 기술을 보여주는 증거다. 허물어져 가던 집이 이렇게 밝고 꿈같은 집으로 바뀐 것이다.

아테나의 재능은 인테리어 디자인에만 머무르지 않는다. 부엌에서도 상상력을 발휘한다. 동선이 자연스레 흐를 수 있도록 공간을 계획했고, 유기적으로 움직이며 생활하고 요리하고 손님을 대접한다. 형태가 기능을 돕는다. 계절 음식에 대한 신념을 가진 아테나는 파머스마켓에서 식재료를 사거나 아니면 농장에서 직접 사기도 한다. 그녀는 허브를 좋아하고 잘 쓸 줄 알아서 가족과 친구들이 모두 부러워한다. 그녀는 거의 모든 음식에 허브를 넣는다. 가족의 말에 따르면 아테나는 항상 허브를 썰고 있다고 한다. 뒤뜰에 그렇게 꼼꼼하게 채워진 허브 텃밭을 가진 사람의 여가로 매우 적당해 보인다.

요리를 하거나 집을 개보수하지 않는 시간에 아테나는 〈아이스운EyeSwoon〉이라는 블로그를 운영한다. 그녀의 미감을 자극하는, 아름답고 영감을 주는 장소나 음식을 모아놓은 곳으로, 아테나가 뭘 보고 만드는지 세계 곳곳에서 공유할 수 있는 웹 공간이다. 그녀의 나무 부엌에 모든 사람이 가볼 수는 없기 때문에, 그녀의 블로그를 통해 그녀가 아름답다고 생각하는 것을 우리의 거실과 부엌에도 들여놓는 것이다. 운이 좋다면 우리들도 각자의 삶에 아름다움을―음식과 실내 장식에서―조금씩 더해나갈 수 있을 것이다.

허브 페스토 샐러드를 곁들인

삼나무 판에 구운 넙치

페스토 재료:
신선한 바질 1컵(30g)
마늘 2쪽의 껍질을 깐다
소금과 통후추 간 것
엑스트라 버진 올리브오일 ½컵 (120ml)과 여분 조금
레몬 1개의 즙을 내고 껍질을 간다

Cedar-Plank-Grilled Halibut with Herb Pesto Salad

아테나: 이 넙치 요리는 오래 전 뉴욕에 있는 레스토랑 리틀 아울에서 맛본 음식에서 영감을 받은 거예요. 나에게 이 요리는 진정한 여름을 뜻해요. 깨끗하고 생기 있는 맛이 나는 풍성한 계절 야채와 신선한 허브, 레몬의 밝은 색과 맛이 어우러지지요. 점심으로도 저녁 식사로도 좋고, 손님이 왔을 때도 좋아요. 삼나무 판에 생선을 구우면 생선에 훌륭한 나무 향이 더해지면서 생선이 촉촉해져요.

페스토 만들기:

푸드프로세서에 바질, 마늘, 소금 ½티스푼, 후추 ½티스푼, 올리브오일 ½컵을 넣고 혼합물이 잘게 갈릴 때까지 돌려준다. 중간 크기 그릇에 페스토를 담고 레몬즙과 레몬 껍질 간 것을 넣어준다. 남은 올리브오일을 한 번에 1테이블스푼(15ml)씩 넣으면서 원하는 농도로 맞춘다. 입맛에 맞게 소금과 후추를 더 넣는다.

넙치와 샐러드 만들기:

38×15cm 크기의 삼나무 판을 찬물에 1시간 정도 담가둔다. 숯불 그릴에 불을 붙이고 숯불이 하얘질 때까지 둔다. 가스 그릴을 사용할 경우엔 센불에 맞춘다.

불이 준비되는 동안 큰 냄비에 물을 담아 센불에서 끓인다. 여기에 옥수수를 넣고 2분 정도 익힌 다음 큰 접시에 옮겨 담는다. 옥수수가 적당하게 식으면 잘 드는 칼로 옥수수 알을 자른다.

물을 다시 끓여 완두콩을 넣고 1~2분 정도 삶아준다. 홈이 있는 숟가락으로 완두콩을 건져 샐러드 그릇에 넣는다.

생선에 오일을 뿌리고 입맛에 맞게 소금과 후추로 간한 다음 잠깐 둔다.

넙치와 샐러드 재료:
옥수수 4대의 껍질을 벗긴다
생 완두콩이나 냉동 완두콩 1½컵 (130g)
신선한 넙치 910g을 필레 4조각으로 준비
엑스트라 버진 올리브오일 2테이블 스푼(30ml)
소금과 통후추 간 것
치커리 1다발은 씻어서 물기를 뺀다
작은 빨간 양파 1개를 반달 모양으로 얇게 썬다
방울토마토 310g을 반으로 자른다

그릴 위에 삼나무 판을 놓고 2분 동안 데운다. 판 위에 생선 필레를 늘어놓고 그릴 뚜껑을 닫은 다음 생선 살이 불투명해질 때까지 8~10분 정도 완전히 익힌다.

생선이 익을 동안 샐러드 그릇에 프리제, 양파, 옥수수 알갱이, 토마토를 담고 섞는다. 준비한 페스토의 ⅔를 넣고 소스가 골고루 묻도록 섞는다. 입맛에 맞게 소금과 후추로 간한다.

접시 4개에 샐러드를 나누어 담고 그 위에 넙치 필레를 하나씩 놓는다. 생선 위에 남은 페스토를 뿌린 다음 바로 낸다.

note: 페스토는 다른 허브를 넣어 만들 수도 있다. 바질 향이 더 나게 하고 싶으면 샐러드에 바질을 한 줌 넣는다.

사진 330쪽 · 4인분

Sugar Snap Peas with Fresh Mint and Whipped Ricotta

신선한 민트와

리코타 치즈를 곁들인 완두콩

꼬투리째 먹는 완두콩 455g의 줄기를 뗀다
리코타 치즈 ¾컵(190g)
쪽파 4개의 흰 부분과 연한 녹색 부분만 얇게 썬다
엑스트라 버진 올리브오일 2테이블스푼(30ml)
갓 짠 레몬즙 1테이블스푼(15ml)
신선한 민트 ½컵(15g)을 얇게 썬다
맬든 천일염

아테나: 우리 아들은 이 요리를 매일 먹을 수 있어요. 가족 모두 마찬가지예요. 봄이 오면 꼬투리째 먹는 완두콩은 어디서나 살 수 있고 너무 신선하고 맛있답니다!

작은 냄비에 물을 붓고 강-중불에 끓인다. 큰 그릇에 얼음과 찬물을 같은 양으로 넣어 얼음물을 준비한다.

완두콩을 끓는 물에 넣고 1분 정도 데친 다음 건져내어 즉시 준비한 얼음물에 넣는다.

콩이 식는 동안 푸드프로세서에 리코타 치즈를 넣고 크림처럼 될 때까지 갈아놓는다.

완두콩을 건져내어 물기를 뺀 다음 큰 그릇에 담고 파, 올리브오일, 레몬즙을 넣고 섞어준다.

접시 4개에 리코타 치즈를 한 스푼씩 놓고 그 위에 완두콩을 놓은 다음 민트와 소금을 뿌려 바로 낸다.

애피타이저 4인분

프랜시스 파머

{ CERAMICIST }

WESTON, CONNECTICUT

프랜시스 파머는 도자기 공예가다. 그릇, 접시, 머그, 꽃병 등 그녀의 예술적인 공예품은 전 세계에 알려져 있다. 이들은 기능적일 뿐 아니라 보기에도 아름다워서 음식을 담아내면 영양과 함께 즐거움을 준다. 그녀는 식사에서 음식이 물론 중요한 요소이지만, 음식을 담는 그릇과 꽃 역시 자연의 색을 전달해 생기를 준다고 믿는다.

프랜시스는 도예가가 되기 전에 판화가이자 미술사가였다. 그러나 도자기가 그녀의 여러 열정들—요리, 정원 일, 손으로 하는 일—의 교차점에 있다는 것을 발견하고부터 진짜 자신의 자리를, 먹고 마시며 사람들을 모이게 하는 방법을 찾은 것이다. 흙을 만지는 것은 친밀한 일, 즉 사람들이 식탁에서

> "아이들이 어렸을 때는 직접 저녁을 지어 거의 매일 저녁을 함께 먹었어요.
> 이제는 다 커서 각자 살고 있지만 그애들도 손님 초대를 아주 잘해요.
> 친구들이 우리 아이들 집으로 밥을 먹으러 오는 걸 보면
> 저는 아주 행복해집니다."

오래도록 실제로 사용하고 사랑할 물건을 만드는 일이다. 그녀의 작품에는 물건이 실제로 사용되는 시간에 대한 이해가 깔려 있다. 프랜시스는 그녀가 애착을 갖고 있는 물건—즉 그녀가 대학교 때부터 써온 무쇠 프라이팬 같은—의 특별함을 알고 있다. 그 이유 때문에 각각의 물건들은 그것이 무쇠 프라이팬이건, 사기 머그잔이건, 믿고 열심히 써온 믹서이건 그 자체보다 훨씬 훌륭한 것이 된다.

요즘 코네티컷 주 웨스턴의 농촌에서 사는 프랜시스는 남편 윌리와 개와 고양이와 함께 조용하고 낭만적인 삶을 꾸려간다. 이들 부부는 아침 일찍 일어나 진한 커피 마시는 것을 좋아해서 매일 그렇게 아침을 함께 보낸다. 3명의 자녀들은 이제 모두 따로 살지만 엄마에게 배운 대로 요리와 손님 초대를 즐긴다. 이 세상 수많은 식탁 위에 남긴 도자기들처럼 그녀는 가족에게도 소중한 것을 남겨주었다.

"될 수 있는 대로 모든 음식을 처음부터 하려 해요.
파스타, 아이스크림, 케이크, 샐러드 드레싱 등 사지 않고 만들 수 있는 것은 다 만들어 먹어요.
그리고 내가 만든 꽃병에 꽂을 꽃도 내가 직접 기르려 해요.
접시들도 내가 만든 것이니 순수 만든 것으로 모든 걸 하려는 거지요.
신선한 재료를 좋아하니 이제 채소를 가꾸는 텃밭도 있어요. 이웃에서 닭을 키우고,
훌륭한 파머스마켓도 가까이 있어 일 년 내내 좋은 음식을 찾을 수 있어요."
— 프랜시스 파머

Perfect Roast Chicken

완벽한 로스트 치킨

닭 한 마리(1.6~1.8kg)를 될 수 있으면
유기농으로 준비한다
무염 버터 3테이블스푼(42g)
소금과 통후추 간 것
레몬 ½개
배 ½개
마늘 3쪽의 껍질을 깐다
세이지, 로즈마리, 타라곤 같은 허브
작은 1단
파프리카 향신료 1½티스푼(4.5g)
중간 크기 갈색 감자 3개(680g)를
문질러 닦아 4cm 크기로 썬다
큰 양파 2개의 껍질을 벗겨
4등분한다
계절 채소 455g을 4cm 크기로 썬다
올리브오일 3테이블스푼(45ml)

오븐 중간에 오븐망을 놓고 204도로 예열한다.

흐르는 찬물에 닭의 속까지 골고루 잘 씻고 페이퍼타월로 물기를 완전히 닦아준다. 닭의 속에 버터 1테이블스푼(14g), 소금 ½티스푼, 후추 ½티스푼을 섞어 발라준 다음 레몬, 배, 마늘, 허브를 넣는다.

작은 그릇에 소금 1티스푼(6g), 후추 ½티스푼, 파프리카를 넣고 섞은 다음 그 혼합물을 닭 표면에 골고루 발라준다. 날개는 닭 뒤로 집어넣고 다리는 조리용 실로 묶어준다.

기름을 바른 30cm 무쇠 프라이팬 위에 닭의 가슴이 위로 오게 해서 놓는다. 남은 버터 2테이블스푼을 작게 잘라 닭고기 위에 골고루 뿌린다. 닭고기 주변에 감자, 양파, 야채를 놓고, 위에 올리브오일을 뿌린 다음 소금과 후추로 간한다.

닭 가슴에 온도계를 꽂아봤을 때 66도가 될 때까지 1시간 30분~2시간 정도 닭을 굽는다. 닭고기를 도마 위로 옮겨 자르기 전까지 육즙이 안정되도록 10~15분 정도 식힌다.

그동안 프라이팬 위에 뜬 기름을 걷어내고 닭고기에서 흐른 즙과 함께 닭고기와 야채를 곁들여 낸다.

note: 닭의 속에 넣는 과일로 배 대신 사과나 씨를 뺀 복숭아 반쪽을 넣어도 된다. 갈색 감자 대신 고구마를 사용해도 된다. 남은 뼈와 야채를 넣어 끓이면 훌륭한 육수가 된다.

4인분

Butterscotch Pudding

버터스카치 푸딩

큰 계란의 노른자 6개를 실온에 둔다
생크림 2컵(480ml)
우유 1컵(240ml)
흑설탕 ¼컵(60g)
설탕 ½컵(100g)
물 ¼컵(60ml)
바닐라 추출액 1티스푼(5ml)
소금 ½티스푼
곁들일 휘핑크림(원하면)

오븐 중간에 오븐망을 놓고 149도로 예열한다. 로스팅 팬 밑에 깨끗한 행주를 깐다.

큰 그릇에 계란 노른자를 넣고 거품기로 잘 풀어준다. 옆에 치워둔다.

중간 크기 무거운 냄비에 크림, 우유, 흑설탕을 넣고 강-중불에서 설탕이 다 녹을 때까지 잘 저어주면서 끓인다. 냄비를 불에서 내리고 뚜껑을 덮어 식지 않도록 둔다.

크고 무거운 냄비에 흰 설탕과 물을 넣고 강-중불에서 설탕이 다 녹을 때까지 잘 저어주면서 끓인다. 불을 센불로 올리고 냄비를 가끔씩 흔들어주면서 물이 갈색이 되고 연기가 나기 시작할 때까지 5~7분 정도 끓인다. 이때 크림 혼합물을 천천히 부어주는데, 혼합물이 부글부글거리면서 튈 수도 있으니 조심해야 한다. (바로 이런 이유 때문에 큰 냄비를 쓰는 것이 중요하다. 낮은 냄비를 쓰면 흘러넘칠 수도 있다.) 부글거리고 튀는 게 가라앉으면 불을 중불로 줄이고 부드러워질 때까지 저어준다.

계란 노른자를 풀어놓은 그릇 밑을 젖은 수건으로 감싸 그릇이 움직이지 않도록 한다. 캐러멜 혼합물을 아주 천천히 부으면서 거품기로 저어준다. 바닐라와 소금도 넣어준다. 계란 캐러멜 혼합물을 체에 내려 큰 그릇에 담은 후 180ml짜리 라미킨 6개나 오븐에 넣을 수 있는 찻잔에 옮겨 담는다. (또는 1.89L짜리 오븐용 그릇에 담아도 된다. 이 경우 오븐 조리 시간을 2시간으로 늘린다.)

준비된 로스팅 팬에 라미킨을 놓고 오븐에 넣는다. 팬 안에 뜨거운 물을 충분히 부어 라미킨의 절반이 잠길 정도가 되게 한다. 로스팅 팬을 호일로 덮고 푸딩을 흔들면 가운데가 약간 떨릴 정도로 1시간 정도 굽는다. 로스팅 팬을 식힘망으로 옮기고 호일을 벗겨 푸딩이 물속에서 완전히 식도록 둔다.

푸딩을 적어도 2시간에서 하루까지 냉장고에 두어 완전히 차갑게 한다. 원하면 휘핑크림을 곁들여 낸다. 푸딩은 하루 전에 만들어서 냉장 보관할 수 있다.

6인분

사라와 휴 포트

{ FOOD WRITER/RECIPE DEVELOPER
AND PHOTOGRAPHER }
DANA POINT, CALIFORNIA

사라와 휴 포트의 집에서는 아침이 특별히 다정한 시간이다. 두 사람이 함께 준비하며 하루를 맞는 시간이기 때문이다. 사라는 식탁에 그녀가 구운 빵을 가져오고, 휴는 그가 내린 핸드 드립 커피를 가져온다. 매일 아침 이렇게 함께 준비하는 식사는, 특별히 아침은 푸짐하게 먹어야 한다는 이 열정가들이 분주한 하루를 시작하기 전에 시간을 평화롭게 보내는 방법이다.

인기 있는 요리 블로그 〈스프라우티드 키친 Sprouted Kitchen〉을 만든 사라와 휴는 캘리포니아 남부의 자신들의 '싹 난 부엌 sprouted kitchen'에서 맛있고 건강에 좋은 음식을 만든다. 그들은 취미로 블로그를 시작했다. 사라가 요리를 좋아하고 휴는 사진을 찍을 수 있어서였다. 취미 생활은 얼마 지나지 않아 요리를 배우러 모여드는 사람들로 성황을 이루었고 유기농 자연 식품의 역할에 대한 대화가 꽃피었다. 사진작가인 휴는 요리 과정과 그 결과를 예민한 감각으로 계속해서 기록했고, 결국 그들의 블로그는 매력적인 시각 경험을 할 수 있는 사이트가 되었다.

부부는 같은 이름으로 요리책도 냈고, 블로거들부터 요리를 좋아하는 사람들까지 폭넓은 독자에게 어필하며 큰 성공을 거두었다. 사라와 휴는 푸짐한 손님 초대에 집중하는 단순한 삶을 살고 있다. 결혼 생활의 주된 목표 중 하나가 사람들이 환영받는 기분을 느끼는 가정을 만들고 싶다는 것이었다. 그들은 음식과 다정함을 위한 삶이, 그리고 문을 기꺼이 열어주는 삶이 친구와 가족을 위한 자신들의 방식이라고 생각했고, 그 생각은 맞았다.

초콜릿 칩 바나나 팬케이크

Chocolate Chip-Banana Pancakes

큰 계란 1개
잘 익은 바나나 1개를 으깬다
우유나 논데어리 우유(두유, 아몬드, 코코넛 밀크) ½컵
(120ml)

갓 짠 레몬즙이나 오렌지 주스
2테이블스푼(30ml)

무염 버터 1테이블스푼(14g) 녹인 것과 프라이팬에 바를 여분 조금

바닐라 추출액 1티스푼(5ml)

오트밀, 중력분 또는 박력분
통밀가루 ½컵(70g)

아몬드 가루 ½컵

머스코바도 흑설탕 또는 일반 흑설탕
1½테이블스푼(20g)

아마 씨 가루 1테이블스푼(7g)

베이킹 파우더 1티스푼(3g)

시나몬 1티스푼(3g)

달지 않은 초콜릿 ¼컵을 썬다(원하면)

곁들여 낼 메이플 시럽

사라: 초콜릿 칩을 넣으면 팬케이크가 좀 더 사치스러워져요. 초콜릿 칩을 안 넣어도 향이 좋은 바나나 팬케이크가 되죠. 기분에 따라서 결정하세요. 어느 쪽도 괜찮은 레시피랍니다.

중간 크기 그릇에 계란을 넣고 계란이 잘 풀릴 때까지 거품기로 젓다가 바나나, 우유, 레몬즙, 녹인 버터, 바닐라를 넣고 마저 잘 저어준다.
큰 그릇에 밀가루, 아몬드 가루, 설탕, 아마 씨 가루, 베이킹 파우더, 시나몬을 넣고 섞는다. 여기에 바나나 혼합물을 넣고 가루가 안 보일 정도로만 저어준다. 반죽을 8~10분 정도 실온에 두었다가 (넣을 거라면) 초콜릿 칩을 넣는다.

프라이팬을 약-중불에 올린다. 프라이팬 위에 버터를 바르고 반죽 ¼컵(60ml)을 붓는다. 가장자리가 익고 팬케이크 표면에 기포가 생길 때까지 3~4분 정도 익힌다. 기포가 생기면 뒤집개로 팬케이크를 뒤집어서 2분 정도 익힌다.

다 익은 팬케이크를 접시에 담고 남은 버터와 반죽으로 위 과정을 반복한다.

메이플 시럽과 함께 바로 낸다.

사진 346쪽 · 10cm 크기의 팬케이크 12장

볶은 리크와

스크램블드 에그

무염 버터 2테이블스푼(28g)

리크 4대의 흰 부분과 연한 녹색 부분만 얇게 썬다

천일염과 통후추 간 것

신선한 타임 1테이블스푼(3g)

큰 계란 5개를 실온에 둔다

우유나 생크림 2테이블스푼(30ml)

Sautéed Leeks and Scrambled Eggs

큰 프라이팬을 강-중불에 올리고 버터 1½테이블스푼(21g)을 녹인다. 여기에 리크를 넣고 소금으로 간한 후 리크가 갈색이 되기 시작할 때까지 10분 정도 볶는다. 프라이팬을 불에서 내리고 타임 2티스푼을 넣고 소금과 후추로 간한다. 뚜껑을 덮어둔다.

중간 크기 그릇에 계란과 소금 ½티스푼, 우유를 넣고 거품기로 저어준다. 큰 논스틱 프라이팬을 중불에 올리고 남은 버터 1½티스푼(7g)을 녹인다. 계란을 넣고 1~2분 정도 약간 익을 때까지 둔다. 내열 고무 뒤집개로 계란을 프라이팬의 한쪽에서 다른 쪽으로 살살 밀어서 계란의 안 익은 부분이 프라이팬으로 흘러넘치게 한다. 이 과정을 계란이 다 익을 때까지, 또는 원하는 정도로 익을 때까지 4분 정도 반복한다.

계란을 2개의 접시에 나누어 담고 소금으로 간한 후 남은 타임 1티스푼을 뿌린다. 볶은 리크를 함께 담아 낸다.

사진 346쪽 · 2인분

셔나 알테리오와
스티븐 로이돌트

{ DESIGNERS/ HABERDASHERS }
PHILADELPHIA, PENNSYLVANIA

셔나 알테리오와 스티븐 로이돌트는 끊임없이 프로젝트를 만들며 사는 듯하다. 창조적인 도전 앞에서 절대 물러서는 법이 없는 이 재능 있는 커플은 수많은 작업들을 해왔다. 그들의 블로그〈여기 뭔가 숨어 있어요Something's Hiding in Here〉는 미국의 가정을 파고들었고, 그들의 넥타이·보타이 브랜드인〈포리지Forage〉는 파티나 직장 그리고 결혼식에서의 남성복을 업그레이드했다. 두 프로젝트로는 성이 안 차 이들은 작은 문구점도 운영한다. 이곳에서는 할머니의 다락에서 찾은 오래된 보물을 연상시키는 물건들을 판다. 두 사람이 함께하는 상상력은 끝이 없는 듯하다. 하나의 아이디어에 형체가 생기면 거기서 계속 발전시키고 얼마 지나지 않아 또 다른 아이디어를 탄생시킨다.

처음에는 친한 친구들에게 크리스마스 선물을 만들어주려고 시작한 일이 이내 새로운 사업이 되었다. 요즘 이 다정하고 활력 있는 커플은 쉴 틈이 없다. 블로깅을 하지 않으면 타이를 만들고, 레터프레스로 편지지를 만들지 않으면 팝업 스토어나 디자인 전시에서 협업을 하면서 끊임없이 움직인다. 이 모든 일을 하면서도 그들은 주말에 느긋하게 식사를 함께하고 서로 사랑하며 영감을 주는 결혼 생활을 유지한다.

지난 몇 년간 스티븐과 셔나는 자신들이 늦은 아침과 이른 오후 사이에 나른하게 식사하는 것—다시 말해 브런치—을 특별히 좋아한다는 사실을 발견했다. 우리가 그들의 집을 찾아갔을 때 브런치를 만들어준 것은 그런 의미에서 아주 적절했다. 정신을 깨워주면서 동시에 차분하게 하는 편안한 음식. 그들의 로프트에서 스티븐과 셔나는 부엌에서 서재로, 작업실과 또 침실로 물 흐르듯 움직인다. 그들이 만들어내는 제품에서 전통적인 유산과 가족적인 친밀함이 드러나는 것은 당연하다. 스티븐과 셔나는 물건들을 통해 그들의 가치를 전달하려고 하기 때문이다.

Shortcakes with Fresh Berries and Whipped Cream

신선한 베리와

휘핑크림을 곁들인

쇼트케이크

쇼트케이크 재료:

중력분 1½컵(210g)과 나중에 뿌릴 여분 조금

설탕 2테이블스푼(26g)과 나중에 뿌릴 여분 조금

베이킹 파우더 2티스푼(6g)

크림오브타르타르 ¼티스푼

무염 버터 8테이블스푼(113g)을 잘게 조각내어 냉장한다

생크림 ⅓컵(80ml)을 냉장한다

큰 계란 ½개를 푼다

무염 버터 1테이블스푼(14g)을 녹인다

설탕

베리와 휘핑크림 재료:

생크림 1컵(240ml)을 냉장한다

슈가 파우더 1테이블스푼(7g)

바닐라 추출액 1티스푼(5ml)

신선한 베리 1½컵(230g)

셔나: 베리 종류라면 뭐든지 좋아했어요. 될 수 있는 한 여러 음식에 베리를 넣어보려 한답니다. 지난 13년 동안 이 쇼트케이크는 우리 가족의 대표 음식이었어요. 특히 여름, 베리가 풍부하고 지역 농장에 직접 가서 딸 수 있을 때가 최고지요.

쇼트케이크 만들기:

오븐 중간에 오븐망을 놓고 177도로 예열한다. 오븐판에 유산지를 깐다.

큰 그릇에 밀가루, 설탕 2테이블스푼, 베이킹 파우더, 크림오브타르타르를 넣고 거품기로 저어준다. 나이프 2개를 이용해서 버터를 완두콩만 하게 잘라 혼합물에 넣는다. 크림과 계란을 넣는다. 손으로 반죽을 재빨리 섞는다.

깨끗하게 건조한 작업대에 밀가루를 얇게 뿌리고 반죽을 꺼내 2분 정도 반죽이 섞일 때까지만 반죽한다.

준비한 오븐판에 반죽을 숟가락으로 듬뿍 퍼서 6덩이를 2.5cm 간격으로 늘어놓는다. 반죽 위에 녹인 버터를 바르고 설탕을 뿌린다.

쇼트케이크를 노릇해질 때까지 20분 정도 굽는다. 오븐판을 식힘망에 옮기고 10분 정도 식힌다.

휘핑크림과 내기:

큰 그릇에 크림, 슈가 파우더, 바닐라를 넣고 혼합물이 부드럽게 봉긋 솟을 때까지 2~3분 동안 거품기로 젓는다. (너무 오랫동안 저으면 크림의 질감이 거칠어지니 주의한다.)

케이크를 휘핑크림과 신선한 베리와 함께 따뜻할 때 낸다.

6인분

그 레 이 스 윌 리 엄 스

{ GARDENER/ RETIRED NURSE }
LETHBRIDGE, ALBERTA, CANADA

나의 할머니 그레이스 윌리엄스의 하루는 바쁘다. 우리 가족의 족보를 연구하고, 식사를 준비하고, 정원 일을 하고, 그 와중에 낮 시간에 하는 드라마를 빠짐없이 챙겨서 본다. 이런 목가적인 생활을 하기 전에 할머니는 간호사였다. 근면과 연민이 필요한 직업이다. 요즘 할머니의 나날은 할머니의 풍성한 정원에서 바로 수확한 작물들로 잼을 만들고, 프룻 레더(과일을 퓌레로 만들어 납작하게 만든 스낵—옮긴이)를 만드는 일들로 가득 채워져 있다. 어렸을 때 나와 내 사촌들은 할머니가 만들어놓은 달콤한 잼이 든 병들과 말린 과일을 저장해놓은 곳을 뒤지며 놀았다. 할머니가 만든 프룻 레더에는 만든 날짜가 적혀 있었는데 우리는 제일 오래된 걸 찾는 게임을 하곤 했다. 우리는 때로 몇 십년이 지난 걸 발견하기도 했는데, 할머니는 아직 맛이 괜찮을 거라고 주장하곤 했다. 할머니 마음은 간절하겠지만, 거의 먹을 수 있는 상태가 아니었으니 어쩌랴.

할머니는 확실히 다른 세대의 분이고, 모든 좋은 의미에서 그렇다. 크리스마스에는 집에서 초콜릿을 만들어 나누어 먹고, 여름마다 열린 산딸기를 선물로 준다. 요리도 자주 하는데, 화려하거나 새로운 요리를 하려고 고민하기보다는 가족들과 친구들, 그리고 할머니 자신이 편안하게 먹을 수 있는 것을 주로 만든다. 할머니는 직접 쓴 카드를 보내거나 하는 단순하지만 오래 내려온 관습의 소중함도 알고 있다. (이 책을 위해 손수 쓴 레시피를 기어코 보내왔다.) 아직도 여기저기 흩어져 사는 친구와 가족들에게 매주 편지를 보내며 소중한 사람들에게 사랑과 정성을 몸소 보여준다.

할머니와 보내는 하루는 좋은 날이다. 가족 사진을 정리하는 할머니와 함께 앉아 사진을 보거나 할머니를 따라 정원을 산책하고, 잼을 맛보거나 화석이 되어버린 프룻 레더를 놓고 깔깔 웃으며 보낸다. 할머니와 함께 보내는 하루는 겸허함을 배우는 날이다. 할머니가 하는 소박한 일들, 잼을 만들고 정원을 가꾸고 해마다 크리스마스 초콜릿을 만드는 일은 그저 단순한 취미가 아니라 사랑을 몸소 전하는 행위이기 때문이다.

Grace's Raspberry Harvest Jam

딸기 수확철에 만드는

그레이스 할머니의 라즈베리 잼

신선한 갖가지 베리 4컵(900g)을 으깬다
설탕 5¼컵(1kg)
물 ¾컵(175ml)
펙틴 1봉지(28g)

큰 그릇에 베리와 설탕을 넣고 섞은 다음 10분 정도 그대로 둔다.

작은 냄비에 물과 펙틴을 넣고 강-중불에 올려 계속 저어주며 끓인다. 1분 정도 끓이다가 펙틴 물을 베리 혼합물에 넣고 젓는다. 살균한 병들에 잼을 국자로 떠 넣는데, 위에서 1.28cm 공간을 남긴다. 병의 뚜껑을 꼭 닫고 최소 2시간에서 24시간까지 둔다.

잼의 일부를 장기 보관하고 싶으면 비닐 백에 담아놓는다. 그러면 1년까지 냉동 보관할 수 있다.

잼 1.4L

거스 아냐노풀로스와
제시 제임스

{ POET AND DESIGNER }
QUEENS, NEW YORK

거스 아냐노풀로스와 그의 남편 제시 제임스는 뉴욕 퀸즈의 역사 지구인 잭슨 하이츠의 교회 정원 건너편에 산다. 그들의 집이 있는 건물은 한 블록 길이의 중정을 에워싸고 있다. 여기서 그들은 예쁜 딸 올림피아를 키우며 평범한 가정생활을 시작했다. 우리가 찾아갔을 때 거스와 올림피아는 진한 커피와 함께 꿀과 깨로 만든 스낵을 내며 맞이해주었다.

이 가족의 삶의 목적과 야망은 우리에게 영감을 준다. 거스와 제시는 함께 〈에스테틱 무브먼트Aesthetic Movement〉라는 디자인, 컨설팅 및 세일즈 랩 등 서비스를 제공하는 사업을 시작했고, 지난 몇 년 동안 전국적인 주목과 찬사를 받는 회사가 되었다. 거스는 문예창작과에서 석사 학위를 받고 시집을 출간한 시인이기도 하다. 두 사람 모두 부엌에서 거침없이 움직이는 베테랑들이다. 그들의 가풍은 분명하다. 최대한 자주 가족이 함께 모여 식사하는 전통을 지키는 것을 중요하게 생각한다. 그들은 일주일에 한 번씩 영화를 보고 늦게 저녁 식사를 하는 데이트를 즐기고, 주말 아침에는 집에서 와플을 만들어 먹는다. 와플은 올림피아가 가장 좋아하는 음식이자 코네티컷에 있는 제시 가족의 10년 전통이 깃든 음식이다.

이 가족의 식습관이나 취향에서 그들의 다양한 성장 배경, 부모님의 본적과 자라난 지역의 특성이 드러난다. 거스는 옷장 속에서 올리브를 익히고 와인을 직접 만들어 마시는 부모님 슬하의 전형적인 그리스 가정에서 자랐기에 좋은 와인과 올리브, 꿀을 맛볼 수 있는 미각을 가질 수 있었다. 거스가 선명하게 파란 브로콜리에 깨를 뿌리고 진하고 향긋한 올리브오일을 뿌려 우리를 대접한 것은 그런 환경에서 온 결과물이다.

식탁 위에 차려진 음식은 향긋하고 신선했고, 식탁 위의 미학은 그들만의 고유한 것이었다. 거스와 제시가 살면서 모은 의미 있는 그릇과 오브제들이 식탁의 일부를 이루었다. 개인 접시와 음식을 담은 서빙 접시, 마로 만든 차 수건 등은 모두 두 사람의 이야기를 담고 있다. 우리가 퀸스에 있는 이 매력적인 집에서 보낸 시간은 시각적으로 아름다우면서도 직접 맛보고 체험할 수 있는 시간이었다. 과거의 전통에 충실한 그들의 집은 성실한 가족이 함께 꾸며가는 안식처다.

THE WANDERING TABLE

"나는 언제나 냉장고와 찬장에 있는 재료를 이용해서 음식을 하는 편이에요.
레시피는 있는 음식에 따라 조정하죠. 나는 간단히 요리하는 걸 좋아해요.
원 재료 안에 이미 맛이 있기도 하고, 또 우리 딸 올림피아가 일찍 자야 하기 때문이죠.
맛을 더 내는 데는 좋은 소금, 후추, 올리브오일, 파르미지아노 레지아노, 꿀,
그리고 항상 부엌에 걸려 있는 신선한 허브를 이용해요."
—거스 아나노풀로스

Pastelli

파스텔리

참깨 1컵(140g)
생 피스타치오 또는 아몬드 ⅓컵을 굵게 다진다
꿀 1½테이블스푼(32g)

중간 크기 프라이팬에 깨를 넣고 중불에 계속 저어주면서 5분 정도 볶는다. 깨가 노릇하게 되면 피스타치오나 아몬드를 넣고 1분 더 볶는다. 여기에 꿀을 넣고 깨와 견과류에 고르게 꿀이 묻을 때까지 저어준다.

깨끗하고 건조한 작업대에 이 혼합물을 숟가락으로 떠놓은 다음 숟가락의 뒷면을 이용해 20cm 정사각형이 되도록 펴준다. 손을 찬물에 적셔(그릇에 물을 떠놓으면 도움이 된다) 손으로 표면과 가장자리를 다듬어준다. 또는 밀대를 사용해도 된다.

파스텔리를 15분 정도 식힌 다음 16개 조각으로 잘라서 낸다. 남은 파스텔리는 진공 용기에 넣고 붙지 않도록 사이사이에 유산지를 깔면서 쌓아서 저장하면 된다.

note: 파스텔리를 만들 때는 대리석 반죽판과 같은 차가운 표면을 사용하는 것이 이상적이다.

16조각

THANK YOU

아만다 제인 존스는 독창적인 감각과 클래식한 취향의 아트 디렉션으로 이 책의 디자인을 이끌어주었다. 2년 넘게 걸린 프로젝트를 함께하며 열정적이고 창조적인 파트너가 되어준, 편하고 겸손한 그녀에게 깊이 감사드린다.

파커 피츠제럴드와 레오 패트런은 카메라 뒤에서 출중한 재능을 발휘해주었고, 사진 촬영 스타일링에 대한 나의 피드백도 흔쾌히 들어주었다.

레베카 파커 페인은 그녀의 손과 펜으로 우리가 친구들의 집에서 음식을 나누는 순간을 포착해주었고, 수많은 인터뷰를 위해서 참을성 있게 함께 여행해주었다.

마리아 델 마르 사카사는 밤늦도록 레시피들을 테스트하고 감수해주었을 뿐 아니라 시장에 다니고, 심지어 막판에는 여행 중에 낯선 부엌에서 급한 테스트까지 해주었다.

나탈리 슈어, 실바나 드 스와송스, 로사 박, 니콜리 드레이크에게 특별한 감사를 전한다. 그들이 사는 도시에 방문했을 때 자원해서 열성적으로 우리를 도와주었다.

나의 아내 케이티와 가장 친한 친구인 더그와 페이지 비쇼프는 내가 출장 갈 때마다 〈킨포크〉의 일을 든든히 맡아주었다. 줄리 포인터는 인터뷰들을 편집하고 정리해주었다.

우리의 편집자 리아 로넨은 확신을 가지고 함께하며 오랜 출판 경험을 바탕으로 중요한 사안들을 가르쳐주었고, 내 아이디어들이 괜찮을 때나 형편없을 때나 솔직하게 답을 해주었다. 또한 아티산 출판사에 있는 앤 브램슨, 시빌 카제로이드, 브리지트 헤이킹, 미셸 이셰이-코헨, 카라 스트루벨, 낸시 머레이, 트렌트 더피, 그리고 앨리슨 맥기흔에게도 감사를 전한다.

우리의 에이전트 수지 파인스먼은 처음부터 용기를 주었고 계속해서 응원해주었다.

마지막으로, 이 책에 소개한 여러 친구들의 따뜻한 환대에 깊은 감사를 전한다. 그들은 문을 열어 부엌을 보여주었고 아끼고 싶은 레시피까지 공개해주었다. 때로 선뜻 밝히고 싶지 않을 때조차 우리가 은근히 재촉하면 알려주는 아량을 베풀었다.

부엌으로의 초대

책을 끝내고 허탈감에 빠져 있는데 이 책이 나를 찾아왔다. 일에 의욕을 잃고 있었기에 처음엔 불청객일까 했는데 뜻하지 않게 반가운 손님이었다. 일단 요리책이라는 것이 신선했고, 나의 예전 생활을 떠오르게 했다. 생각해보면 내 삶은 이 책 속의 삶과 크게 다르지 않았다. 뉴욕 브루클린에 살 때 종종 친구들을 불러 저녁 식사를 했고, 음식은 대단하기보단 간단했다. 주로 퓨전이었고 외부인의 것이었다. 보통은 한국 음식을 변형했고 가끔씩은 베트남식이나 중식, 일식을 변형하기도 했다. 쓰고 싶은 재료를 쉽게 구할 수 없어 답답했지만 구할 수 있는 재료로 대신하면 색다른 음식이 되는 재미가 있었다. 구할 수 있는 재료로 부엌에서 내 식대로, '되는대로' 만들었고, 결과는 언제나 비슷했다. 애피타이저와 메인을 따로 내었지만 음식을 가운데 두고 나누어 먹었고, 동양적인 맛이면서도 내가 좋아하는 와인과 어울릴 수 있는, 어찌 보면 이도저도 아닌 방식이었다. 이 책을 통해 알게 되었다. 그게 브루클린 식이었다는 것을.

이 책은 요리책이다. 그리고 어떤 사람들에 관한 책이고, 삶의 스타일에 관한 책이다. 스타일이란 취향이 형태를 갖고 드러난 상태를 말한다. (스타일은 문학이나 미술에서 작가가 가질 수 있는 어떤 경지, 즉 다른 사람과 구분 짓는 '시그니처'와 같은, 그 사람만의 고유한 형식적인 특성을 가리키기도 한다.) 취향은 삶에 대한 어떤 태도에서 비롯된다. 일관된 태도를 가지면 맥락이 생기고, 한때의 기호가 아닌 맥락을 가진 감식안이 취향이다. 취향이라는 말이 예전에 '깊은 이해'를 뜻했다는 사실은 놀랄 일이 아니다. 깊은 이해에서 비롯된 심미안이 밖으로 일정한 형식을 갖고 드러난 것, 그게 스타일이다.

이 책에 등장하는 사람들이 꾸려가는 삶의 스타일, 그 중심에 부엌이 있다. 이 책은 그들의 부엌을 직접 찾아가서 보고, 거기서 대화를 나누고, 음식을 만들고, 음식을 함께 먹는 경험을 기록한 것이다. 문명은 부엌에서 시작된다는 말이 있다. 위트가 섞인 표현이지만 아주 황당한 말만도 아니다. 부엌은 불을 사용하고, 사람의 입에 들어가는 음식을 관장하는 곳이다. 실제로 문명을 정의하는 기준 중에 사람들이 모이는 어떤 장소가 있다. 그러니까 단순한 수렵채취인들과 달리 문명인에게는 함께 모여서 공식적인 의식들을 행하는, 그 부족의 중심에 위치한 장소가 있었다는 것이다. 부엌은 식구들이 모여드는, 따뜻한 곳이다. 식구들이 모여 하는 하루 세 끼 식사는 일종의 의식이다. 식구수도 줄고 생활이 바빠지는 요즘 이런 의식은 점차 해체되어 가고 있다. 부엌을 중심으로 살아가는 이 책 속 사람들은 어쩌면 가족과 부엌과 의식의 수호자들이다.

이들은 세계 각지에 흩어져 살고 있지만 그런 의미에서 하나의 커뮤니티, 또는 '킨포크(일가, 친족)'를 이룬다. 이들이 부엌에서 쓰는 음식물은 주로 그 지역에서 난, 유기농 기법으로 재배된 것들이다. 그 지역의 농부들로부터 직접 사거나, 스스로 조금씩 재배하거나, 심지어 집 앞에 있는 강에서 직접 물고기를 잡아먹기도 한다. 이는 음식에 대한, 부엌에 대한 그들의 태도와 관점을 말해준다. 유통의 거리를 좁힌 신선한 재료를 사용해서 음식을 직접, 그리고 함께 만들겠다는. 그리고 이런 태도는 부엌에서 일정한 형태를 갖고 미학적으로 드러난다. 자연 그대로의 모습을 담은 꽃과 허브가 부엌에 꽂혀있고, 음악이 흐르고, 촛불이 있고, 음식은 간단하고 소박하고 심심하게 차려진다.

여기에는 전통이 스며 있다. 전통은 기억이고 이야기다. 이 책 속 요리는 단순히 새로운 맛의 조합으로서의 요리가 아니다. 할머니가 해주던 음식을 먹던, 크리스마스 아침에 가족과 함께 먹던 기억과 이야기가 담겨 있다. 하지만 그 요리를 그대로 하는 것이 아니라 요즘의 입맛과 생활에 맞게 바꾸었다. 옛 것 그대로는 지금과 맞지 않고, 전통은 지금 살아 있지 않으면 이미 전통이 아니다. 전통이란 끊임없이 재해석되고 재창조되는 삶의 일부인 것이다. 그리고 초대가 있다. 과거의 기억이 담긴 음식을 지금 내 친구들과 나누는 것이다. 음식은 혼자 먹으면 연명에 가깝지만, 두 명 이상 나누어 먹으면 문화가 된다. 누군가를 생각하며 음식을 만들고, 상차림의 기준이 정해지고, 매너가 생기고, 대화를 나누게 된다. 식탁 위엔 함께 모인 사람들이 공감하는 미학이 생겨난다. 초대라는 말은 같이 사는 가족에서 대가족으로, 친지로 그 공감과 공유의 범위를 넓힌다는 것이다. 부엌에서 이 모든 것이 시작되고 이루어진다.

이 책을 읽으며 초대라는 말을 자꾸 되뇌어 보았다. 참 좋은 말이었다. 좋아하는 친지와 친구들을 내가 사는 곳에 불러들이는 것. 다정한 마음으로, 다정한 분위기에서 함께 음식을 먹으며 대화를 나누는 것. 우선 친구들을 초대하면 내 삶을 다른 사람의 시각으로 한 번 보게 된다. 청소와 음식 준비를 알맞게 끝내놓고 손님을 기다리며 잠시 혼자만의 시간을 갖는 것이다. 성취감과 기대감이 뒤섞인 고요한 시간이다. 그리고 사람들을 맞는다. 친구들을 내가 사는 곳에 부르는 것은 무엇보다 이런 의미가 있다. 앞으로 더 친해지고 싶다는. '킨포크'가 되고 싶다는. 이 책 속의 말대로 저녁 식사 초대는 삶으로의 초대다. 그리고 초대는 소박해서 부담스럽지 않아야 한다. 초대가 삶의 일부인 사람들에게 초대가 부담스럽다면 삶은 더 이상 즐겁지 않을 것이기 때문이다. 식탁 위에 차려지는 것보다 의자 위에 누가 앉을지가 더 중요하다는 말은 다 이런 맥락일 것이다.

이 책 속의 사람들은 우리에게 그들의 집을, 음식을 공개해주었다. 나는 누구보다 그들의 이야기를 먼저 읽는 행운을 누렸고, 음식에 들어가는 재료들을 한 줄 한 줄 번역하며 그 재료들을 떠올렸다. 식욕을 느꼈다. 모르텐 스벤슨의 요리를 보니 뉴욕에서 자주 먹던 모로코 식 미트볼이 먹고 싶어졌고, 바쁜 와중에 미트볼을 만들어 친구들을 초대했다. 아보카도를 으깨 바른 토스트와 샐러드를 함께 내기로 했고, 친구들은 그들이 가져온 와인을 따라주고, 아보카도를 으깨주었다. 나는 그동안 사라 브리튼의 웹사이트 〈마이 뉴 루츠〉에서 참고한 시트러스 샐러드를 준비했다. 음식을 하나씩 준비해서 함께 맛보며 그동안 쌓였던 이야기를 했다. 밤늦도록 먹고 마시다가 아쉽게 헤어졌다. 그리워하던 저녁 식사를 한 느낌이었고, 물론 이 책 속의 장면과도 닮아 있었다. 책을 통한 것이지만, 친구를 통해 내 모습을 보고 되찾은 셈이었다. 그들은 부엌을 열어 나를 초대해주었고, 나는 그들의 음식과 삶을 나의 부엌에 들여놓았다. 따뜻하다.

박상미

네이선 윌리엄스

일상의 아름다움을 미니멀한 사진과 글로 담아낸 캐주얼 라이프스타일 매거진 《KINFOLK》의 창립 편집자다. '단순한 삶, 함께 나누는 식사'의 의미를 현대적 관점으로 재발견하여 감성적으로 보여주는 《킨포크》는 미국은 물론, 일본, 호주, 러시아까지 전 세계 젊은이들의 열렬한 공감을 얻으며 작은 변화를 이끌고 있다. 《킨포크》는 뜻을 함께하는 사진작가, 디자이너, 작가들이 모여서 운영하는 커뮤니티로, 잡지 간행을 넘어 워크숍과 디너, 포틀럭 파티 등 온라인을 통해 다양한 지역별 행사를 기획하여 킨포크 정신을 전파하고 있다. 소규모이며 의미 있고 나눔의 문화를 실천하는 행사들은 시드니, 도쿄, 리스본, 파리, 스톡홀름, 레이캬비크 등 전 세계 사람들의 자발적 참여로 이루어지고 있으며 지금도 진행 중이다.

옮긴이 박상미

연세대학교 심리학과를 졸업했다. 1996년부터 뉴욕에서 살면서 미술을 공부했고 글도 쓰기 시작했다. 지은 책으로 《뉴요커》와 《취향》이 있고, 옮긴 책으로 《앤디 워홀 손 안에 넣기》《우연한 걸작》《빈방의 빛》《그저 좋은 사람》《어젯밤》《가벼운 나날》《사토리얼리스트》《페이스헌터》《휴먼스 오브 뉴욕》 등이 있다.

THE KINFOLK TABLE
킨 포 크 테 이 블

펴낸날 개정 1판 1쇄 2017년 11월 30일
개정 2판 3쇄 2024년 9월 16일
지은이 네이선 윌리엄스 옮긴이 박상미 레시피 어드바이스 차유진
디자인 정은경디자인
펴낸이 이주애, 홍영완 펴낸곳 (주)윌북
출판등록 제2006-000017호 주소 10881 경기도 파주시 광인사길 217
전화 031-955-3777 팩스 031-955-3778 홈페이지 willbookspub.com
블로그 blog.naver.com/willbooks 포스트 post.naver.com/willbooks
트위터 @onwillbooks 인스타그램 @willbooks_pub
ISBN 979-11-5581-531-1 13590

책값은 뒤표지에 있습니다. | 잘못 만들어진 책은 구입하신 서점에서 바꿔드립니다.

윌북 | art 윌북아트는 윌북의 예술 교양서 브랜드입니다